ROTA SEMPER

Sette strati di Bugie

DEDICA

Dedico questo libro a tutti coloro che, con occhi critici e mente aperta, si avventurano nel labirinto delle contraddizioni della nostra società. Possa la luce delle parole qui scritte illuminare il cammino verso una maggiore consapevolezza e un futuro più giusto per tutti.

INDICE

Le Tasse

Estratto da un monologo di Silver Nervuti:

"Evasore a mia Insaputa" 20/08/2023

https://youtu.be/liFh8k2xJrg

Allora, io pago allo Stato le tasse sui soldi che guadagno, le tasse sui soldi che spendo e anche le tasse sulle cose che acquisto. Mi pare giusto! Poi pago le tasse sulle cose che possiedo, sulle quali ho già pagato le tasse quando le ho comprate in precedenza. Arrivo poi a pagare lo Stato per avere in eredità la casa che mio padre aveva acquistato, per la quale aveva già pagato tasse e contributi per anni. Poi pago l'IMU, la TARES, la TASI, la TARSU, la Tosap, il bollo e le accise. Poi pago un canone obbligatorio sulla TV, che però posso disdire. Ovviamente, mi viene messo obbligatorio, e allora, pago un canone obbligatorio sulla TV, che però trasmette lo stesso la pubblicità di prodotti che già pago di più quando li acquisto, perché si vedono in TV. Aspetta, se ben ricordo, il canone era stato inventato proprio per non avere interruzioni pubblicitarie, no? Ma se pago il canone e interrompono lo stesso i programmi con la pubblicità, tutti i miei soldi a chi vanno?

Secondo un esposto del Codacons, uno dei tanti, per esempio, Fabio Fazio avrebbe percepito 2,2 milioni di euro all'anno come cachet personale e 10 milioni e mezzo di euro tra costi e diritti sul Format Che tempo che fa, ai quali bisogna aggiungere i costi di rete, scenografia, redazione, costumi, trucco, riprese interne, esterne, per un totale di 18 milioni di euro all'anno, per una trasmissione che non fa lui, ma gli ospiti che intervengono. Non mi sembra nemmeno un Format originale, è una sorta di Letterman Show con un ritardo di 10 anni, cioè gli ospiti fanno diventare importante il programma, non viceversa. Se io ho un ristorante di pollo fritto e iniziano a venire da me Bocelli, Ronaldo, la Pausini, Belen, Bill Gates, il Papa, Lady Gaga, Balotelli e Obama, il mio ristorante di pollo fritto diventerà un posto così speciale che dovrai pagare anche 1000 euro solo per avere un tavolino in angolo in fondo fra sei mesi, hai capito il paragone? Ah, ma alla base, io faccio solo pollo fritto. Poi mi basta metterci anche una sboccata fascista, incoerente e simpatica come un paracarro, ad intrattenere il pubblico, bambini compresi, e man mano approfittarne per invitare solo chi politicamente la pensa come me. Il gioco è fatto, da ristorante di pollo fritto a veicolo velatamente politico, è stato un attimo. Ora però, con i tuoi soldi, il mio ristorante di banale pollo fritto, che avevo comprato per 5000 euro, vale 18 oppure 30 milioni. Però il giochino, lo capisce anche un bambino delle elementari. Questa è la Rai delle sedi all'estero e degli stipendi d'oro, tu devi abituarti a pagare e considerare tutto normale. E mentre ti lamenti della Tari, dell'IMU e delle accise che ti uccidono, ti fanno credere che la colpa della tua povertà e degli altri, tipo degli evasori fiscali. E come abbiamo già visto in ambiti recenti, dove sono riusciti a mettere gli uni contro gli altri, ti convincono che sia colpa di qualcuno, così da nascondere la colpa di qualcun altro. La colpa è degli evasori, piccoli numeri che però sommati creano una voragine enorme nelle casse dello Stato. Peccato che non ti fanno vedere gli altri numeri, le grandi opere incompiute. Per esempio, solo nel 2022, c'erano 379 opere incompiute, per un valore totale di un miliardo e 820 milioni di euro. Sapete quanti piccoli evasori ci vogliono per fare un miliardo e 820 milioni di euro? Vogliamo citarne uno a caso, come la città dello Sport di Tor Vergata, che doveva essere completata per i Mondiali di nuoto del 2009, che doveva costare 60 milioni di euro, nell'ottica di ospitare poi le Olimpiadi 2020, con 240 milioni di euro già spesi e altri 325 milioni per completare il progetto, cioè 10 volte in più rispetto a quanto preventivato inizialmente, si dieci, hai letto bene, che a tutt'oggi ha spostato l'asticella ancora più avanti per candidarsi all'Expo

2030. Sono le classiche cattedrali nel deserto, macchine da soldi, dove qualcuno vince sempre, ma non voi. Milioni, miliardi, che girano sopra le vostre teste e che non vedete, perché state guardando il dito che indica qualcun altro. Nel frattempo, vengono completate opere milionarie anche all'insaputa dei proprietari, a sua insaputa, a mia insaputa, a loro insaputa. Notizie rimpallate dai TG per tre giorni e che non dobbiamo raccontare come satira, perché se no, il responsabile si offende. Eh sì, mio caro evasorino, sei tu che non emetti lo scontrino, sei tu che arrotondi in nero, non quelli che si fanno un impero. Sei tu che, quando parcheggi, devi stampare la targa sul bigliettino, per non regalare 20 minuti a quello che arriva con il Pandino. Evasorino, non ti lamentare del tuo stipendino. Pensa anche ai poveretti come Fassino, che è arrivato in aula col cedolino. E non diciamolo noi per primi che i deputati godono di stipendi d'oro, non è vero, perché 4718 euro al mese, sono una buona indennità. E va bene così, ma non sono degli stipendi d'oro. Ci sarebbero anche altri piccoli regali correlati, che ha dimenticato di citare. Dettagli insignificanti che, dai 4718 euro al mese, cioè il triplo del mio e del tuo stipendio, gli portano nelle tasche un totale di 13 mila euro puliti, tutti i mesi. Ma forse, a sua insaputa. Oltre al fatto che buona parte della sua vita è costellata dalla parola "gratis". E allora, cosa ci insegna la politica italiana? Ci insegna che l'italiano medio ha raggiunto un tale culto per la furbizia, che arriva perfino all'ammirazione di chi se ne serve a suo danno. Ci insegna che se per tagliare i parlamentari c'era bisogno di fare un referendum, eravamo già malati da prima. Ci insegna che la cultura non ha più posto in una società che ha fatto dell'ignoranza un vanto e della presunzione una virtù. Ci insegna che forse il nemico non è l'evasore, ma l'esattore. Ogni tanto, dovremo fermarci a ricordare che il politico è un dipendente pubblico, un mio dipendente, un tuo dipendente. Anche tu gli paghi lo stipendio. Lo sai che c'è un tuo dipendente che arriva con l'auto blu, la scorta, e gli vengono riservati tutti gli onori di una star nazionale? Perché dovremmo ammirare un politico? Mi sento come se dovessi applaudire il bancomat quando mi dà i soldi, che sono miei. Siamo arrivati a un punto in cui abbiamo perso la misura di ciò che è un politico, e il politico, a sua volta, come abbiamo visto, ha perso il senso della realtà. In un mondo normale, il politico non dovrebbe diventare ricco, ma dovrebbe far diventare ricco il suo popolo. C'è qualcosa che non va, da troppo tempo. Allora, fammi pensare. Io sono povero, voi siete politici. Io vivo, io vi ho votato. Avete vinto un posto in Parlamento con tutti quei benefici. Passano quattro anni, voi siete diventati milionari. E io continuo ad essere povero. C'è qualcosa che non va. Voi siete i miei dipendenti, e io il vostro datore di lavoro. C'è qualcosa che non va, no, no, tutto questo deve finire. I politici sono sempre più lontani dalla realtà e da chi li ha votati. Se i partiti non rappresentano più gli elettori, è il caso di cambiarli, gli elettori. È ora di dire basta. Il prossimo governo serio dovrebbe almeno mettere subito una tassa sulla frase: "cancelleremo le accise sui carburanti". Tranquilli, Salvini e la Meloni le toglieranno appena saranno di nuovo all'opposizione. Ma non è tutta colpa loro. Ricordatevi che alle elezioni, ci sono quelli che hanno perso e quelli che hanno vinto, ma ci sono anche quelli che hanno stravinto, sono quelli che hanno capito che nessuna classe politica, per quanto incapace e corrotta conosciuta fino ad oggi, avrebbe potuto ridurre così questo paese se non avesse avuto la complicità di milioni di italiani. Gli italiani che hanno votato, quelli che nonostante tutto ci credono ancora, quelli che tengono botta. E se lo dice la Meloni, siamo in una botte di ferro, punto esclamativo o interrogativo? Tutti e due.

Capitolo 1:

Un sistema fiscale ingiusto

Le tasse, una sorta di tassa sul vivere. Come un'eclissi solare, sembrano oscurare ogni aspetto della nostra esistenza, immergendoci nell'ombra di un sistema fiscale che si erge come una montagna tra noi e il nostro benessere. Ma al di là di questa foschia finanziaria si cela una verità scomoda: il nostro sistema fiscale è più simile a un labirinto ingiusto che a un sistema equo.

Immagina la tua vita come un palcoscenico, con le tasse che svolgono il ruolo principale di attori avidi e insaziabili. Guadagni un salario? Applausi per le tasse. Lo spendi? Ancora applausi. Acquisti un oggetto? Un altro applauso, per favore. E quando pensi di aver saldato il conto, ecco che arriva l'eredità da tuo zio Riccardo, con le tasse pronte ad accaparrarsi la loro fetta di torta. Ma la domanda sorge spontanea: è davvero giusto che il nostro sudore venga tassato due volte?

E poi c'è il canone Rai, la tassa per un servizio che forse non hai mai richiesto. È come se dovessi pagare il biglietto del cinema per un film che non hai mai visto. Ti dicono che è per il "servizio pubblico", ma quando accendi la televisione, trovi solo una lunga serie di annunci commerciali interrotti da brevi frammenti di programmi. E mentre paghi questo tributo, scopri che dietro le quinte si nasconde uno spettacolo ancora più scandaloso: i presentatori televisivi che incassano stipendi da superstar, mentre il pubblico è costretto a subire lo spettacolo.

Ma non siamo soli in questo teatro dell'assurdo. Accanto a noi ci sono gli evasori fiscali, i peccatori che rubano al povero Stato il suo pane quotidiano. O almeno, è così che ci viene raccontata la storia. Ma la verità è che gli evasori fiscali rappresentano solo una parte del problema. La vera tragedia risiede nelle grandi opere incompiute, nei progetti che divorano il nostro denaro senza mai vedere la luce del giorno.

E infine, ci sono i politici, i custodi del nostro destino finanziario. Dovrebbero essere i nostri servitori, ma troppo spesso si comportano come i nostri padroni. I loro stipendi da nababbi e i privilegi che li circondano li separano sempre di più dalla realtà di chi li ha votati. È come se il teatro della politica fosse diventato una commedia dell'assurdo, con i politici che agiscono come attori disinvolti, indifferenti alle sofferenze del loro pubblico.

In questo primo atto del nostro dramma fiscale abbiamo gettato uno sguardo critico su un sistema che ci opprime e ci umilia. Ma la lotta è appena iniziata. Continueremo a esplorare le oscure profondità del nostro sistema fiscale, sperando di trovare una via d'uscita da questo labirinto di ingiustizia. Spero che tu sia pronto, perché la battaglia per la giustizia fiscale sarà lunga e difficile, ma ne varrà sicuramente la pena.

Il peso delle tasse grava sulle nostre spalle come un macigno, ma il vero inganno risiede nell'apparente equità di un sistema che, in realtà, favorisce gli interessi dei potenti a discapito dei cittadini comuni.

L'IMU, acronimo di Imposta Municipale Unica, si presenta come un'imposizione sul valore degli immobili, ma nasconde un lato oscuro che colpisce soprattutto chi possiede beni immobili di modesta entità. Mentre i grandi proprietari possono permettersi di sostenere l'onere fiscale, per le famiglie meno abbienti l'IMU rappresenta un peso insostenibile che rischia di compromettere il diritto alla casa.

I paradisi fiscali, quei luoghi del mondo in cui le regole fiscali sono particolarmente favorevoli ai patrimoni più cospicui, rappresentano una distorsione del concetto stesso di equità fiscale. Mentre i cittadini comuni si vedono sottrarre una parte consistente del reddito da tasse e imposte, i ricchi possono usufruire di intricati meccanismi di elusione fiscale che permettono loro di conservare la propria ricchezza al riparo dall'ingordigia dello Stato.

Oltre all'IMU, molte famiglie devono far fronte ad altre spese fiscali legate alla casa, come la TARI (Tassa sui Rifiuti) e la TARSU (Tassa sui Servizi Indivisibili). Queste imposte, sebbene presentate come necessarie per finanziare servizi comunali, spesso gravano in modo sproporzionato sulle famiglie a basso reddito, mettendo a rischio il diritto alla casa e contribuendo a un aumento dell'ineguaglianza sociale.

Le accise, imposte indirette applicate su beni di consumo come carburanti, alcolici e tabacchi, rappresentano un altro aspetto dell'ingiustizia fiscale. Se da un lato possono essere giustificate come deterrente all'uso di prodotti nocivi per la salute o all'inquinamento ambientale, dall'altro colpiscono in modo più pesante le fasce meno abbienti della popolazione, che destinano una parte maggiore del proprio reddito a queste spese essenziali.

L'Irpef (Imposta sul Reddito delle Persone Fisiche) è spesso criticata per la sua mancanza di progressività, ovvero la sua incapacità di far pagare aliquote proporzionali al livello di reddito. Ciò significa che i cittadini con redditi più alti possono beneficiare di deduzioni e detrazioni fiscali che riducono significativamente il loro carico fiscale effettivo, mentre le famiglie a basso reddito devono affrontare aliquote più elevate, spesso senza poter usufruire di agevolazioni fiscali significative.

Questi sono solo alcuni degli esempi di ingiustizie fiscali che caratterizzano il sistema tributario Italiano. Per costruire una società più equa e solidale, è fondamentale promuovere una riforma fiscale che tenga conto delle reali capacità contributive dei cittadini, che riduca le disuguaglianze economiche e che favorisca la redistribuzione del reddito a vantaggio delle fasce più deboli della popolazione. È giunto il momento di denunciare l'ingiustizia fiscale e di promuovere una riforma che ponga al centro l'interesse dei cittadini anziché quello delle élite economiche e politiche. Solo attraverso una maggiore trasparenza, equità e responsabilità fiscale possiamo sperare di costruire una società più giusta e solidale, in cui il peso delle tasse sia distribuito in modo equo e rispettoso delle reali capacità contributive dei cittadini.

Capitolo 2

Chi controlla i controllori?

Il Grande Fratello, quel reality show che ha fatto la sua comparsa in Italia nel lontano 2000 come esperimento sociale. È sopravvissuto per vent'anni, un tempo lungo in televisione, segno evidente di un fascino persistente. Vi intriga il format stesso, questo è innegabile. Ma dove voglio arrivare con questa introduzione? Semplice: sembra proprio che amiate spiare le persone che sanno di essere osservate 24 ore su 24 da ventiquattro anni.

Magari all'inizio c'era un senso di ingenuità nel non sapere esattamente quando e dove vi guardassero, ma dopo due decenni? Ricordo una stagione in cui due concorrenti si scambiavano effusioni dopo mezz'ora per passare il tempo. Ora, siete grandi invidiosi perché non tutti possono varcare la soglia della Casa del Grande Fratello. Così avete creato il vostro, un Grande Fratello che vi controlla, vi registra, vi profila ovunque, ogni giorno.

Potreste pensare che sia per la sicurezza. Eh sì, è così che ve lo vendono. Ma poi, quando vedete crimini accadere in pieno giorno senza che nessuno intervenga, non vi chiedete se tutte quelle telecamere siano impegnate a guardare le auto in divieto di sosta o l'ambulante che sfora di 20 centimetri dal suo spazio?

Oh, quei tipi li beccano sempre. Peccato che non vedano i vandali che imbrattano i muri da anni o quelli che svuotano le bici lasciando solo i resti appesi ai pali. Quei gesti sembrano essere diventati arte moderna o decorazioni tubolari per pali grigi e solitari. Cosa lega tutte queste cose?

Le telecamere e il controllo. Le telecamere ci sono, ma i controlli un po' meno. Sembra che il controllo sia diventata la priorità degli ultimi anni, ma è solo una coincidenza, giusto? Nessuna teoria del complotto qui.

Controllo nelle strade, nei locali, nei telefoni, sui social. Ora si vogliono addirittura istituire reati di opinione per controllare le idee e limitare la libertà di espressione in un paese dove l'articolo 21 della Costituzione afferma chiaramente: "Tutti hanno diritto di manifestare liberamente il proprio pensiero con la parola, lo scritto e ogni altro mezzo di diffusione."

Sì, è scritto in italiano. Non in arabo o in geroglifici, è chiaro. Tutti concordiamo nel combattere discriminazioni e reati di odio, specialmente bullismo e cyberbullismo, gravi minacce per i minori. Ma non vorrei che sotto il pretesto di prevenire questi crimini, qualcuno voglia cancellare dal web e dai social notizie e opinioni sgradite a una certa parte politica.

Già, perché, diciamocelo francamente, il 90% delle fake news che girano sui social rimangono lì fino a quando qualche giornalista di basso livello non le trasforma in titoli scandalistici solo per aumentare gli ascolti della sua testata.

Già con questo ci hanno fatto capire che se non sei allineato al pensiero unico sinistro, ti devono zittire. Non lo dico io, lo diceva uno che pensava che chi la pensava diversamente da lui non dovesse avere nemmeno il diritto di parola.

Ma se ci sono ancora persone che lavorano contro i vaccini, beh, quelli sì che devono essere zittiti. Non dovrebbero nemmeno avere il diritto di parlare da nessuna parte. Lo dico a tutti i giornalisti: abbiamo capito bene che c'è chi sta cercando di cancellare i contenuti e i pensieri delle persone sotto il pretesto della lotta alle fake news.

Ma chi decide cosa sono le fake news? Uno come quello che abbiamo visto prima? E cosa intendiamo per fake news? Di solito si intendono notizie non veritiere, giusto? E a quanto pare, alcuni autoproclamati "controllori delle fake news" mi hanno persino messo sotto accusa in questi ultimi quattro anni. Ma chi controlla i controllori?

Posso permettermi di dubitare di questi autoproclamati "controllori dei fatti", quelli che dovrebbero verificare le fonti, giudicare le notizie in modo imparziale. Sì, perché quando vedo certe opinioni di esperti su virus inventati o su eventi poco chiari che vengono oscurate in poche ore, mentre altre fake news enormi passano indisturbate davanti a tutti, beh, mi sorge qualche domanda.

Mi ricordo ancora dicembre 2020, durante il coprifuoco, quando la stampa titolava che 70.000 agenti avrebbero sorvegliato che nessuno violasse le restrizioni. 70.000 agenti in strada, stazioni, droni, controlli rafforzati negli aeroporti. E io pensavo: "Ma 70.000 sono un po' tanti, no?" Nessuno ha verificato i numeri, i "controllori" erano troppo impegnati a zittire medici e virologi non allineati.

Avranno verificato se c'erano davvero 70.000 persone per le strade? No, perché ero fuori regolarmente e non ho mai visto questo presunto esercito. Certo, la gente non poteva verificare i numeri perché era chiusa in casa, basandosi solo sulla fiducia nei giornali e nei telegiornali.

E allora mi chiedo: "Siamo stati sfortunati noi a non aver visto nessuno?" Ma facciamo due conti, perché se guardiamo ai numeri riportati dai giornali, qualcosa non torna. Non dico che fossero fake news, ma mi piacerebbe sapere da quale cappello magico sono saltati fuori 70.000 agenti a dicembre 2020, quando la Polizia Stradale di Caserta parlava di una grave carenza di personale l'11 dicembre.

Ma non solo a Caserta: mancavano 10.000 carabinieri il 16 ottobre a Foggia, 170 vigili urbani il 6 ottobre a Venezia, e così via. Ma, insomma, come fanno a sostenere di avere 70.000 agenti in strada se le statistiche ufficiali mostrano carenze ovunque? E nessun fact checker ha pubblicato numeri senza verificare le fonti?

Ecco, questa è una domanda che mi sono fatto. E mi sembra strano che nessun fact checker abbia notato un piccolo dettaglio: tornando indietro di qualche anno, il Giornale di Sicilia nel 2018 parlava di vigili in borghese contro gli "indisciplinati" a Palermo. Indisciplinati, sì, con vigili in borghese che mettevano la freccia a sinistra e poi continuavano dritto, anche quando fermi.

E questa è solo una delle tante incongruenze che vedo. Chi controlla i controllori? Io sono solo uno che cerca la verità in un sistema pieno di contraddizioni e falle evidenti, affinché tutti possano valutare con chiarezza ciò che viene detto.

Perché se qualcuno mi dice di stare chiuso in casa perché c'è un pericolo mortale all'esterno, ma altri possono uscire perché svolgono un lavoro "socialmente utile", mi chiedo: "Dove sta la coerenza?" Mi viene in mente un paragone semplice: se ci fossero 60 gradi all'ombra fuori, per la vostra salute dovreste stare tutti chiusi in casa, giusto? E invece, se fate un lavoro "socialmente utile", non sentite il caldo, né vi bruciano i sedili dell'auto?

In conclusione, il panorama che ho descritto evidenzia una realtà in cui il concetto di controllo, mascherato sotto il pretesto della sicurezza e della lotta alle fake news, sta assumendo proporzioni sempre più invasive. Le telecamere sono ovunque, i controlli aumentano, e con essi cresce il rischio di limitare la libertà di espressione e di pensiero, pilastri fondamentali di una democrazia.

Chi controlla i controllori? Questa domanda rimane cruciale, specialmente in un contesto dove la verità sembra essere plasmata dalle convenienze politiche e dai media di massa. È imperativo che tutti noi rimaniamo vigili, esercitando il nostro diritto di critica e di ricerca della verità, al di là delle narrazioni preconfezionate che ci vengono propinate.

La trasparenza e l'imparzialità devono guidare ogni forma di controllo sociale, affinché non diventi un'arma nelle mani di pochi per manipolare le masse. La vigilanza critica e la difesa dei nostri diritti sono essenziali per preservare una società libera e aperta, dove le idee possano circolare senza timori o censure.

Questo è un appello alla riflessione e all'azione, affinché il progresso e la sicurezza non siano mai pretesti per sacrificare la nostra libertà e il nostro diritto alla verità.

Capitolo 3:

Le Grandi opere incompiute

Nel vasto panorama delle ingiustizie fiscali e degli abusi di potere, c'è un fenomeno che si distingue per la sua monumentalità e la sua pervasività: lo sperpero dei fondi pubblici nelle grandi opere incompiute. Questi mastodontici progetti, spesso presentati come simboli di progresso e sviluppo, si trasformano rapidamente in monumenti all'inefficienza, alla corruzione e alla mancanza di responsabilità. In questo capitolo, esploreremo il lato oscuro delle grandi opere incompiute e porremo sotto la lente d'ingrandimento i meccanismi che permettono il perpetuarsi di questo spreco di risorse pubbliche.

Partiamo dall'inizio, dall'idea stessa di una "grande opera". Spesso presentate come opere di ingegneria e architettura all'avanguardia, destinate a migliorare la vita dei cittadini e ad attrarre investimenti, le grandi opere possono facilmente trasformarsi in colossi burocratici e finanziari che divorano risorse senza produrre alcun beneficio tangibile per la società. Da progetti infrastrutturali a parchi tematici, passando per stadi di calcio e palazzi della cultura, le grandi opere incompiute si moltiplicano come funghi dopo la pioggia, alimentate da promesse politiche e interessi economici.

Ma cosa accade quando il sogno si tramuta in incubo e le promesse si rivelano vuote? Ciò che rimane è una miriade di scheletri di cemento e acciaio, testimoni silenziosi di una visione ambiziosa che si è trasformata in un fiasco monumentale. Eppure, nonostante il fallimento evidente di questi progetti, il denaro continua a fluire nelle loro casse, alimentando un ciclo vizioso di sprechi e inefficienze.

Un esempio emblematico di questo fenomeno è rappresentato dalla "città dello Sport" di Tor Vergata, un progetto che doveva essere completato in vista dei Mondiali di nuoto del 2009 e delle Olimpiadi del 2020. Tuttavia, ciò che iniziò come un'ambiziosa opera di rinnovamento urbano si trasformò rapidamente in un disastro finanziario, con costi che superarono di dieci volte le stime iniziali e nessuna garanzia di completamento nel prossimo futuro. Eppure, nonostante il suo fallimento evidente, la "città dello Sport" continua a ricevere finanziamenti pubblici, alimentando il ciclo dello sperpero dei fondi pubblici.

Ma il problema non si limita a progetti individuali: è radicato nel sistema stesso. La mancanza di trasparenza e responsabilità nella gestione dei fondi pubblici consente agli interessi privati e ai politici corrotti di sfruttare le grandi opere per arricchirsi a spese dei contribuenti. I contratti gonfiati, le tangenti occulte e le consulenze inutili sono solo alcuni dei modi in cui il denaro destinato alle grandi opere viene dirottato verso tasche private anziché essere utilizzato per il bene comune.

Ma forse il problema più grave è l'assenza di una vera e propria responsabilità per coloro che gestiscono questi progetti fallimentari. Mentre i politici corrotti e gli imprenditori senza scrupoli continuano a godere dell'impunità, i cittadini sono costretti a subire le conseguenze dei loro errori, sotto forma di tasse sempre più alte e servizi pubblici sempre più scadenti. Eppure, nonostante la chiara evidenza del loro fallimento, questi stessi politici e imprenditori continuano a essere eletti e nominati per incarichi pubblici, alimentando un circolo vizioso di corruzione e incompetenza.

Ma non dobbiamo arrenderci alla disperazione. Anche se il problema delle grandi opere incompiute può sembrare insormontabile, ci sono passi che possiamo compiere per combatterlo. Innanzitutto, dobbiamo esigere una maggiore trasparenza e accountability nella gestione dei fondi pubblici, in modo che i cittadini possano seguire da vicino come vengono spesi i loro soldi e chi ne trae beneficio. In secondo luogo, dobbiamo riformare il sistema giudiziario per assicurare che coloro che commettono crimini finanziari siano effettivamente puniti e che i fondi pubblici siano recuperati e reinvestiti in progetti che realmente migliorano la vita dei cittadini. Infine, dobbiamo riaffermare il nostro impegno per una cultura della responsabilità e dell'integrità, in modo che i funzionari pubblici e gli imprenditori siano tenuti a rispondere delle loro azioni e a lavorare per il bene comune anziché per il proprio interesse personale.

In conclusione, lo sperpero dei fondi pubblici nelle grandi opere incompiute è un problema grave che mina la fiducia dei cittadini nelle istituzioni pubbliche e minaccia la stabilità economica e sociale del paese. Tuttavia, con un impegno collettivo per la trasparenza, l'accountability e l'integrità, possiamo sperare di porre fine a questo ciclo vizioso di corruzione e inefficienza e costruire un futuro migliore per tutti.

Sebbene molte grandi opere incompiute siano sotto i riflettori per il loro costo eccessivo e il loro impatto ambientale, spesso si dimentica un altro aspetto cruciale: il danno sociale ed economico causato dalle promesse non mantenute e dalle aspettative deluse.

Immagina di essere un giovane imprenditore che ha investito i propri risparmi in un'azienda che avrebbe dovuto beneficiare dell'infrastruttura fornita da una grande opera. Hai pianificato, hai speso, hai fatto progetti per il futuro. E poi, improvvisamente, il progetto viene interrotto a metà strada, lasciandoti con un mucchio di debiti e nessuna prospettiva di guadagno. Questa è la realtà per molti piccoli imprenditori che hanno visto i loro sogni andare in fumo a causa dell'incapacità di completare le grandi opere.

Ma il danno non si limita al mondo degli affari. Le grandi opere incompiute hanno anche un impatto devastante sulle comunità locali, che spesso subiscono gli effetti collaterali di progetti incompiuti e abbandonati. Strade chiuse, cantieri abbandonati e servizi pubblici compromessi sono solo alcuni dei problemi che le comunità devono affrontare a causa delle grandi opere incompiute. E mentre i politici e gli imprenditori corrotti sfuggono alla giustizia, i cittadini comuni sono costretti a pagare il prezzo del loro fallimento.

Ma qual è la soluzione a questo problema? Una risposta potrebbe essere una maggiore partecipazione dei cittadini nel processo decisionale riguardante le grandi opere. Troppo spesso, i progetti vengono imposti dall'alto senza tener conto delle esigenze e delle preoccupazioni delle comunità locali. Consentire ai cittadini di partecipare attivamente alla pianificazione e all'implementazione delle grandi opere potrebbe contribuire a garantire che i progetti rispondano realmente alle esigenze della popolazione e che vengano completati in modo tempestivo ed efficiente.

Un'altra soluzione potrebbe essere una maggiore trasparenza e accountability nella gestione dei fondi pubblici destinati alle grandi opere. I cittadini hanno il diritto di sapere come vengono spesi i loro soldi e chi ne trae beneficio. Un sistema di monitoraggio e controllo più rigoroso potrebbe contribuire a prevenire gli abusi e a garantire che i fondi vengano utilizzati in modo responsabile e per il bene comune.

Infine, potremmo considerare l'adozione di meccanismi di incentivazione e disincentivazione per garantire che i politici e gli imprenditori siano responsabili delle loro azioni. Ad esempio, potremmo introdurre premi per il completamento tempestivo e efficiente delle grandi opere, così come sanzioni per il ritardo e il fallimento. In questo modo, coloro che si impegnano per il successo dei progetti verrebbero premiati, mentre coloro che li abbandonano o li gestiscono in modo inefficiente sarebbero puniti.

In conclusione, lo sperpero dei fondi pubblici nelle grandi opere incompiute è un problema complesso che richiede soluzioni innovative e multifunzionali. Solo attraverso una combinazione di maggiore partecipazione dei cittadini, trasparenza e accountability nella gestione dei fondi pubblici e meccanismi di incentivazione e disincentivazione possiamo sperare di porre fine a questo ciclo vizioso di corruzione e inefficienza e costruire un futuro migliore per tutti.

Capitolo 4:

La perdita della cultura

C'è un vecchio detto che recita: "L'ignoranza è la madre di tutti i vizi." E se c'è un luogo in cui questa massima sembra trovare conferma, è sicuramente la politica. Nel mondo politico, l'ignoranza non è solo un peccato capitale, ma spesso diventa uno strumento di potere e manipolazione.

Partiamo dall'inizio. La politica, idealmente, dovrebbe essere il regno della razionalità e dell'istruzione, dove i leader prendono decisioni basate su dati, fatti e conoscenza. Ma la realtà è molto diversa. Troppo spesso, vediamo politici che ignorano deliberatamente la scienza, la storia e la cultura in favore di ideologie e pregiudizi personali. E mentre le conseguenze di questa ignoranza possono essere devastanti per intere nazioni e popoli, sembra che molti politici non abbiano alcun interesse nel colmare questa lacuna di conoscenza.

Ma perché l'ignoranza è diventata così diffusa nella politica moderna? Una ragione potrebbe essere il declino dell'istruzione e della cultura nella società contemporanea. Con l'avvento delle tecnologie digitali e dei social media, molte persone hanno perso il contatto con la cultura tradizionale e le conoscenze di base. La superficialità e la semplificazione dei messaggi politici su queste piattaforme contribuiscono ulteriormente a questo fenomeno, creando un circolo vizioso di ignoranza e disinformazione.

Inoltre, la politica stessa sembra favorire l'ignoranza. I politici che promettono soluzioni semplicistiche a problemi complessi spesso ottengono più consensi rispetto a quelli che propongono approcci più riflessivi e basati sui fatti. Questo incoraggia una cultura politica basata sull'ignoranza e sulla demagogia, anziché sull'analisi critica e sulla ricerca di soluzioni effettive.

Ma l'ignoranza non è solo un problema dei politici. Anche i cittadini sono responsabili della diffusione e dell'ingigantimento di questa piaga. Troppo spesso, vediamo persone che votano senza conoscere le proposte politiche o i programmi dei partiti, influenzate più dall'emotività e dalla propaganda che dalla ragionevolezza e dalla conoscenza. Questo non solo rende più facile per i politici ignoranti ottenere il potere, ma mina anche la salute stessa della democrazia.

Ma quali sono le conseguenze di questa cultura politica basata sull'ignoranza? Innanzitutto, la mancanza di conoscenza e consapevolezza porta a decisioni politiche errate e dannose. Pensiamo al rifiuto delle vaccinazioni o al negazionismo climatico, fenomeni alimentati da politici ignoranti che mettono a rischio la salute e il benessere delle persone. Inoltre, l'ignoranza può alimentare l'odio e la divisione, creando un clima di intolleranza e discriminazione che mina i fondamenti stessi della convivenza civile.

Ma c'è speranza. Combattere l'ignoranza non è impossibile, ma richiede uno sforzo collettivo e costante. In primo luogo, dobbiamo investire nelle istituzioni educative e culturali, promuovendo una cultura della conoscenza e della critica che valorizzi il pensiero critico e la diversità di opinioni. Inoltre, dobbiamo essere attivi nel combattere la disinformazione e la propaganda politica, esponendo le bugie e promuovendo la verità attraverso i mezzi di comunicazione e le piattaforme digitali.

Infine, dobbiamo essere più selettivi nel nostro sostegno ai politici, premiando coloro che dimostrano competenza, integrità e impegno per il bene comune. Solo attraverso un impegno congiunto e determinato possiamo sperare di sconfiggere l'ignoranza e costruire un futuro basato sulla conoscenza, la tolleranza e il rispetto reciproco.

Nel tessuto della società, la cultura e la politica sono intrecciate in un complesso gioco di influenze reciproche. La politica, con le sue decisioni e i suoi attori, plasmano e influenzano la cultura, mentre quest'ultima, a sua volta, fornisce il terreno su cui crescono le idee politiche e si diffondono i valori sociali. Tuttavia, negli ultimi decenni, abbiamo assistito a una crescente erosione della cultura nella sfera politica, con conseguenze che si ripercuotono su ogni aspetto della nostra vita sociale ed economica.

Uno dei segnali più evidenti di questa perdita di cultura nella politica è il dilagare della demagogia e della retorica populista. I politici, anziché offrire soluzioni basate sulla conoscenza e sull'analisi razionale, preferiscono spesso ricorrere a slogan vuoti e promesse irrealistiche per conquistare il consenso elettorale. Questo approccio, sebbene possa risultare efficace nel breve termine, mina la fiducia nei confronti delle istituzioni politiche e contribuisce a un clima di sfiducia e disillusione.

Ma non è solo la retorica populista a minare la cultura politica. La disinformazione e le fake news, diffuse attraverso i social media e altri canali di comunicazione, contribuiscono a confondere le acque della conoscenza e a minare la fiducia nella verità oggettiva. I cittadini, bombardati da un flusso costante di informazioni distorti e manipolati, finiscono per perdere la capacità di distinguere tra ciò che è vero e ciò che è falso, aprendo così la strada a manipolazioni e abusi da parte dei politici.

Inoltre, la politica ha sempre meno spazio per la cultura nel senso più ampio del termine. L'arte, la letteratura, la musica e altre forme espressive sono sempre più marginalizzate nel dibattito pubblico, considerate accessori piuttosto che elementi essenziali per la comprensione e la costruzione di una società sana e coesa. Questo impoverimento culturale si riflette anche nelle politiche pubbliche, con tagli ai finanziamenti per la cultura e la ricerca, che minano la vitalità e la diversità del panorama culturale.

Ma perché la cultura è così importante per la politica e la società in generale? In primo luogo, la cultura ci offre un terreno comune su cui costruire il nostro senso di identità e appartenenza. Attraverso la condivisione di storie, tradizioni e valori, possiamo trovare un punto di riferimento comune che ci unisce come comunità. In secondo luogo, la cultura ci aiuta a comprendere il mondo che ci circonda e a dare senso alla complessità della vita umana. Attraverso l'arte, la letteratura e altre forme espressive, possiamo esplorare le nostre emozioni, riflettere sulle nostre esperienze e scoprire nuovi modi di pensare e di essere. Infine, la cultura ci offre una forma di resistenza contro l'oppressione e l'ingiustizia. Attraverso la creatività e l'espressione artistica, possiamo sfidare le convenzioni sociali, criticare le ingiustizie e immaginare un mondo migliore.

Tuttavia, nonostante l'importanza della cultura per la politica e la società, assistiamo a una crescente disattenzione e disinvestimento da parte dei politici e dei decisori pubblici. La cultura viene spesso considerata un lusso, anziché un bene essenziale per lo sviluppo umano e sociale. I finanziamenti per le istituzioni culturali vengono tagliati, i progetti artistici vengono messi in secondo piano e le politiche culturali vengono ignorate o sottovalutate. Questo atteggiamento shortsighted mette a rischio non solo la vitalità e la diversità della nostra cultura, ma anche la nostra capacità di comprendere e affrontare le sfide del mondo contemporaneo.

Per invertire questa tendenza, è necessario un impegno congiunto da parte dei politici, dei cittadini e della società nel suo insieme.

I politici devono riconoscere il valore della cultura come leva per lo sviluppo sociale ed economico e impegnarsi a sostenere le istituzioni culturali e promuovere la diversità e l'accessibilità culturale per tutti. I cittadini, a loro volta, devono difendere la cultura come un bene comune e partecipare attivamente alla vita culturale della propria comunità. Solo attraverso un impegno collettivo e determinato possiamo sperare di preservare e valorizzare la nostra cultura per le generazioni future.

Capitolo 5

La distanza tra politici ed elettorato

L'elettore deluso è come un amante tradito, abbandonato nell'oscurità di un'infelice relazione con la politica. È quel cittadino che ha creduto alle promesse dei politici, ha sperato nel cambiamento e ha versato il suo voto con fiducia e speranza. Ma, invece di essere ricompensato con governi responsabili e politiche efficaci, si trova deluso, disilluso e alienato da un sistema politico che sembra sempre più distante dalle sue reali esigenze e preoccupazioni.

La distanza tra politici ed elettorato è diventata sempre più evidente negli ultimi anni, alimentata da una serie di fattori che minano la fiducia nei confronti delle istituzioni politiche e dei loro rappresentanti. Uno dei principali motivi di questa frattura è l'incapacità dei politici di ascoltare e comprendere le esigenze degli elettori. Troppo spesso, i politici sono distaccati dalla realtà quotidiana delle persone comuni, circondati da un'élite politica e culturale che li allontana sempre di più dalle esperienze e dalle preoccupazioni dei cittadini.

Ma non è solo una questione di distacco emotivo. Anche le disuguaglianze economiche giocano un ruolo significativo nel creare una frattura tra politici ed elettorato. Mentre i politici godono di stipendi generosi, benefici e privilegi, molti cittadini comuni lottano per arrivare a fine mese, affrontando disoccupazione, precarietà e povertà. Questa disparità economica mina la fiducia nelle istituzioni politiche e alimenta il senso di ingiustizia e alienazione tra coloro che si sentono trascurati e dimenticati dal sistema politico.

Inoltre, la polarizzazione politica e l'erosione del centro hanno contribuito a creare una distanza sempre più ampia tra politici ed elettorato. Mentre i partiti politici si spingono verso gli estremi dello spettro politico, cercando di conquistare il consenso delle loro basi più fanatiche, i cittadini moderati e pragmatici si trovano senza una vera rappresentanza politica. Questo divario ideologico alimenta la sfiducia nei confronti dei politici e porta molti elettori a sentirsi alienati e disincantati dal processo politico.

Ma non sono solo i politici a essere colpevoli di questa distanza. Anche gli elettori stessi condividono una parte della responsabilità. Troppo spesso, gli elettori si lasciano influenzare dalle emozioni e dai pregiudizi anziché dalla razionalità e dall'analisi critica. Sono facilmente manipolati dalle promesse irrealistiche dei politici e dalle campagne di disinformazione dei media, anziché fare scelte informate e consapevoli basate sui fatti e sui dati. Questo atteggiamento apatico e disinteressato alimenta il cinismo e la rassegnazione, facendo sì che molti elettori si sentano impotenti e alienati dal processo politico.

Ma non tutto è perduto. Nonostante le sfide e le difficoltà, esiste ancora una speranza di ricostruire il legame tra politici ed elettorato e di ristabilire la fiducia nelle istituzioni democratiche. Questo richiederà un impegno collettivo da parte di politici, cittadini e società civile nel suo insieme. I politici devono impegnarsi a essere più trasparenti, responsabili e attenti alle esigenze dei loro elettori. Devono lavorare per ridurre le disuguaglianze economiche, promuovere la giustizia sociale e affrontare i problemi reali che affliggono le persone comuni. Allo stesso modo, gli elettori devono assumersi la responsabilità di informarsi, partecipare attivamente alla vita politica e votare in modo consapevole e informato.

Solo attraverso un impegno congiunto e determinato possiamo sperare di superare la distanza tra politici ed elettorato e di costruire un sistema politico più inclusivo, responsabile e rispettoso delle esigenze e dei diritti di tutti i cittadini. La strada sarà lunga e difficile, ma con determinazione e impegno possiamo ristabilire la fiducia nelle istituzioni democratiche e ricostruire un legame forte e duraturo tra politici ed elettorato.

Il divorzio tra politici ed elettorato è un fenomeno che non può essere ignorato, un baratro che separa due mondi destinati idealmente a convergere ma che, nella realtà, sembrano divergere sempre più l'uno dall'altro. L'elettore deluso è colui che, una volta investito di speranza e fiducia nel potere del voto, si ritrova ora smarrito in un labirinto di promesse infrante, interessi personali e decisioni scollegate dalla realtà quotidiana della gente comune.

Una delle cause principali di questa frattura è rappresentata dal distacco emotivo dei politici dalle esigenze e dalle preoccupazioni dell'elettorato. Troppo spesso, coloro che dovrebbero rappresentare il popolo si trovano immersi in un'atmosfera rarefatta e distante dalla vita di tutti i giorni, circondati da un entourage di consulenti, assistenti e addetti stampa che filtrano e manipolano la realtà per adattarla alle loro ambizioni politiche.

Ma la distanza tra politici ed elettorato non è solo di natura emotiva, bensì anche economica. Mentre i politici godono di stipendi sontuosi, pensioni privilegiate e benefit vari, molti cittadini comuni si ritrovano a lottare per tirare avanti, affrontando disoccupazione, precarietà e bassi salari. Questa disparità economica non solo alimenta la sfiducia verso le istituzioni, ma mina anche la stessa idea di democrazia, trasformando i politici da servitori del popolo in una casta privilegiata distante dalle reali necessità della gente.

Inoltre, la polarizzazione politica e l'accentuazione delle divisioni ideologiche hanno contribuito ad allargare il divario tra politici ed elettorato. Mentre i partiti si spingono sempre più verso gli estremi dello spettro politico, cercando di conquistare il consenso delle loro basi più fanatiche, la voce dei moderati e dei pragmatisti rischia di rimanere soffocata e inascoltata. Questo crea un circolo vizioso in cui gli estremisti dominano il dibattito politico, mentre le voci moderate vengono marginalizzate e ignorate.

Ma la responsabilità di questa frattura non può essere attribuita solo ai politici. Anche gli elettori hanno la loro parte di colpa, spesso lasciandosi influenzare dalle emozioni e dai pregiudizi anziché basare le proprie decisioni su una valutazione razionale e informata. La politica è diventata uno spettacolo di apparenze e simboli, in cui le promesse irrealistiche e la retorica populista hanno sostituito il dibattito su questioni reali e concrete. Questo atteggiamento apatico e disinteressato alimenta il cinismo e la rassegnazione, facendo sì che molti elettori si sentano alienati e impotenti di fronte al sistema politico.

Ma non tutto è perduto. Nonostante le sfide e le difficoltà, esiste ancora una via d'uscita da questa crisi di fiducia e rappresentanza. I politici devono impegnarsi a ristabilire il contatto con l'elettorato, ad ascoltare le sue esigenze e a agire di conseguenza. Devono dimostrare di essere al servizio del popolo, anziché dei propri interessi personali o di quelli delle lobby e dei gruppi di potere. Allo stesso modo, gli elettori devono assumersi la responsabilità di informarsi, partecipare attivamente alla vita politica e votare in modo consapevole e informato. Solo attraverso un impegno collettivo e determinato possiamo sperare di superare la distanza tra politici ed elettorato e di ricostruire un legame basato sulla fiducia, la responsabilità e il rispetto reciproco.

Capitolo 6

La perdita del senso della realtà

Nella commedia della politica italiana, c'è un tema ricorrente che affiora sempre più spesso sul palcoscenico: i politici arricchiti. Mentre la maggior parte dei cittadini si trova a lottare per arrivare a fine mese, i nostri rappresentanti politici sembrano godere di uno status economico che sfida ogni logica e buon senso.

Ma come è possibile che coloro che dovrebbero essere al servizio del popolo si trovino a condurre una vita da nababbi, circondati da lussi e privilegi che sembrano provenire da un'altra dimensione? La risposta è più semplice di quanto si possa immaginare: il potere corrompe, e il denaro è la chiave per accedere al potere.

Partiamo dai fatti. I politici italiani godono di stipendi generosi, pensioni d'oro e benefit vari che li pongono ben al di sopra della media dei cittadini comuni. Ma non è solo il salario a gonfiare il portafoglio dei nostri onorevoli: ci sono anche i compensi per le commissioni parlamentari, le consulenze esterne, le partecipazioni in consigli di amministrazione di aziende pubbliche e private, e chi più ne ha più ne metta.

Ma non finisce qui. Mentre molti italiani si trovano a dover affrontare la precarietà e l'insicurezza economica, i nostri politici si concedono vacanze esotiche, cene sontuose e shopping sfrenato, tutto a spese dei contribuenti. I loro conti correnti gonfi di denaro, le loro auto blu scintillanti e le loro residenze di lusso sono la prova tangibile di una realtà distorta in cui la classe politica vive in un mondo a parte, completamente scollegato dalle difficoltà e dalle preoccupazioni della gente comune.

Ma la vera domanda è: come è possibile che questa situazione sia diventata la norma anziché l'eccezione? La risposta è da cercare nell'assenza di controlli efficaci e nella mancanza di trasparenza nel sistema politico italiano. Mentre i cittadini comuni sono costantemente monitorati e soggetti a rigide norme fiscali, i politici sembrano godere di un'immunità virtuale che li protegge da ogni forma di responsabilità.

Ma c'è di più. La politica italiana è anche un terreno fertile per la corruzione e il nepotismo, dove favori e privilegi vengono distribuiti a piacimento tra i membri della classe politica e i loro amici e parenti. I casi di clientelismo e malaffare sono all'ordine del giorno, mentre le indagini giudiziarie si perdono in un labirinto di burocrazia e incompetenza.

Ma non dobbiamo arrenderci alla disperazione. Se c'è una cosa che la storia ci insegna è che il cambiamento è possibile, anche se richiede impegno, determinazione e sacrificio. I cittadini italiani devono alzarsi in piedi e alzare la voce contro questa ingiustizia, esigendo trasparenza, responsabilità e integrità dalla loro classe politica. Solo attraverso una mobilitazione collettiva possiamo sperare di porre fine a questa follia e ricostruire un sistema politico basato sui principi di equità, giustizia e uguaglianza per tutti.

Nella continua narrazione delle vicende politiche italiane, emergono spesso trame e intrecci che rivelano la perdita del senso della realtà da parte di molti politici. Questo capitolo si propone di esaminare più da vicino questo fenomeno, esplorando le ragioni dietro l'arricchimento sfrenato di alcuni membri della classe politica, il loro distacco dalla realtà quotidiana dei cittadini e le conseguenze di questa disconnessione sulla fiducia nell'intero sistema democratico.

Un aspetto cruciale da considerare è il rapporto tra i politici e il denaro. Mentre è giusto che i nostri rappresentanti ricevano un compenso adeguato per il loro lavoro, ciò che spesso osserviamo va ben oltre il necessario. Stipendi esorbitanti, bonus generosi e benefit vari sono diventati la norma, mentre la stragrande maggioranza dei cittadini deve far fronte a crescenti difficoltà economiche. È come se esistesse un divario sempre più profondo tra il mondo della politica e la realtà quotidiana delle persone comuni, una sorta di bolla dorata in cui i politici vivono isolati dalle difficoltà e dalle preoccupazioni della gente comune.

Ma come si spiega questo fenomeno? Parte della risposta risiede nella mancanza di controlli efficaci e nella scarsa trasparenza del sistema politico italiano. Mentre i cittadini sono costantemente monitorati e soggetti a rigide norme fiscali, i politici sembrano godere di un'immunità virtuale che li protegge da ogni forma di responsabilità. Questo crea un ambiente fertile per l'abuso di potere e il comportamento irresponsabile, alimentando la cultura dell'impunità che permea la politica italiana.

Ma c'è di più. La politica italiana è anche un terreno fertile per la corruzione e il nepotismo, dove favori e privilegi vengono distribuiti a piacimento tra i membri della classe politica e i loro amici e parenti. I casi di clientelismo e malaffare sono all'ordine del giorno, mentre le indagini giudiziarie si perdono in un labirinto di burocrazia e incompetenza. È come se la politica italiana fosse diventata un gioco in cui le regole vengono distorto a vantaggio di pochi privilegiati, mentre la maggioranza della popolazione viene ignorata e trascurata.

Ma il problema va oltre la mera questione economica. La perdita del senso della realtà da parte dei politici ha anche conseguenze più ampie sulla fiducia nell'intero sistema democratico. Quando i cittadini vedono i loro rappresentanti politici vivere una vita da nababbi, circondati da lussi e privilegi, mentre loro stessi lottano per arrivare a fine mese, è inevitabile che si crei un senso di disillusione e alienazione. La politica diventa sempre più distante e inaccessibile, un gioco riservato a pochi eletti anziché un servizio pubblico al servizio di tutti.

Eppure, non dobbiamo arrenderci alla disperazione. Se c'è una cosa che la storia ci insegna è che il cambiamento è possibile, anche se richiede impegno, determinazione e sacrificio. I cittadini italiani devono alzarsi in piedi e alzare la voce contro questa ingiustizia, esigendo trasparenza, responsabilità e integrità dalla loro classe politica. Solo attraverso una mobilitazione collettiva possiamo sperare di porre fine a questa follia e ricostruire un sistema politico basato sui principi di equità, giustizia e uguaglianza per tutti.

Capitolo 7

L'evasione fiscale: un capro espiatorio?

L'evasione fiscale: un termine carico di significato, una sorta di spettro che si aggira nell'ombra dei nostri sistemi tributari. Ma è davvero l'evasione fiscale il vero nemico della società? Oppure è solo un comodo capro espiatorio su cui riversare le colpe dei nostri mali economici?

Per rispondere a questa domanda, dobbiamo prima comprendere cosa si intende esattamente per evasione fiscale. In termini semplici, l'evasione fiscale è il tentativo di evitare o eludere il pagamento delle tasse, violando le leggi fiscali del paese in cui si risiede. Questo può avvenire in molte forme, dall'omissione di redditi alla falsificazione di documenti contabili, dal trasferimento di denaro in paradisi fiscali alla sottostima del valore di beni immobili. Ma mentre l'evasione fiscale è un reato grave che va perseguito e punito, dobbiamo chiederci se è giusto considerarla il principale responsabile dei nostri problemi economici.

Innanzitutto, dobbiamo considerare le dimensioni reali del fenomeno dell'evasione fiscale. Secondo alcune stime, l'evasione fiscale costa all'Italia decine di miliardi di euro all'anno, una somma enorme che potrebbe essere utilizzata per finanziare servizi pubblici essenziali come istruzione, sanità e infrastrutture. Tuttavia, è importante notare che l'evasione fiscale non è l'unico motivo per cui il nostro sistema fiscale non funziona come dovrebbe. Esistono anche altri fattori, come la cattiva gestione dei fondi pubblici, la corruzione e il nepotismo, che contribuiscono al dilapidamento delle risorse pubbliche.

Ma forse il problema più grande è la percezione distorta dell'evasione fiscale da parte dell'opinione pubblica. Troppo spesso, l'evasione fiscale viene dipinta come un crimine perpetrato principalmente da individui senza scrupoli che cercano di arricchirsi a spese della società. Tuttavia, la realtà è molto più complessa. Mentre ci sono sicuramente individui che cercano di evadere le tasse per ottenere un vantaggio personale, ci sono anche molti altri fattori che contribuiscono all'evasione fiscale, come la complessità del sistema fiscale, le lacune normative e l'eccessiva pressione fiscale su determinati settori dell'economia.

Un altro punto importante da considerare è che l'evasione fiscale non è solo un problema dei cittadini comuni. Anche le grandi aziende e le multinazionali sono spesso coinvolte in pratiche di elusione fiscale che le permettono di ridurre significativamente il loro carico fiscale. Questo fenomeno, noto come "tax planning", è diventato sempre più diffuso negli ultimi anni, con molte aziende che sfruttano le differenze tra i sistemi fiscali nazionali per massimizzare i loro profitti. Il risultato è che molte di queste aziende pagano una frazione delle tasse che dovrebbero, mentre i contribuenti comuni sono costretti a fare i conti con tassi fiscali sempre più alti.

Ma forse la cosa più ironica dell'evasione fiscale è che spesso si verifica proprio nei paesi che hanno tassi fiscali tra i più alti del mondo. In Italia, ad esempio, l'evasione fiscale è diventata quasi una prassi comune, con molti cittadini che cercano di eludere le tasse in un tentativo disperato di far fronte alla crescente pressione fiscale. Ma mentre i cittadini comuni vengono perseguiti e multati per il minimo errore fiscale, le grandi aziende e le multinazionali continuano a sfuggire alla giustizia fiscale, grazie alle loro abilità di elusione fiscale e alle lacune normative che permettono loro di farlo.

E così ci troviamo di fronte a un paradossale dilemma: mentre l'evasione fiscale continua a erodere le finanze pubbliche e minare la fiducia nell'integrità del sistema fiscale, le misure punitive messe in atto per combatterla sembrano colpire soprattutto i cittadini comuni, lasciando indenni i veri responsabili di questo scandalo. È come se l'evasione fiscale fosse diventata un'altra arma nelle mani delle élite economiche e politiche, un mezzo per mantenere il proprio potere e privilegio a discapito della società nel suo complesso.

Ma forse c'è speranza. Con una maggiore trasparenza, una migliore cooperazione internazionale e una riforma fiscale basata sui principi di equità e giustizia, possiamo sperare di porre fine a questo ciclo di ingiustizia fiscale e ridistribuire il potere e la ricchezza in modo più equo. È tempo di smettere di cercare capri espiatori e di affrontare il vero nemico: un sistema fiscale distorto e ingiusto che favorisce i pochi a discapito dei molti.

L'evasione fiscale è un fenomeno complesso e multiforme, che può assumere molte sfaccettature a seconda del contesto e delle circostanze. Una delle forme più diffuse di evasione fiscale è il cosiddetto "lavoro nero", ovvero l'impiego di manodopera non dichiarata o pagata in nero al fine di evitare il pagamento delle tasse e dei contributi previdenziali. Questa pratica è diffusa in molti settori dell'economia, dal lavoro domestico all'edilizia, e ha un impatto significativo sull'economia e sulla società nel suo complesso.

Ma l'evasione fiscale non riguarda solo il lavoro nero. Molte aziende e professionisti ricorrono a complesse operazioni finanziarie e contabili per eludere il fisco, sfruttando le discrepanze tra i diversi sistemi fiscali nazionali e internazionali. Questo fenomeno è particolarmente diffuso tra le grandi multinazionali, che spesso trasferiscono profitti nei cosiddetti "paradisi fiscali" al fine di ridurre il loro carico fiscale complessivo. Il risultato è che molte di queste aziende pagano tasse molto più basse rispetto alle piccole imprese e ai lavoratori autonomi, creando una disparità fiscale che penalizza i contribuenti onesti e favorisce i giganti dell'economia.

Un altro aspetto importante dell'evasione fiscale è il ruolo dei professionisti finanziari e degli intermediari nel facilitare e promuovere pratiche di elusione fiscale. Molti consulenti fiscali e commercialisti offrono servizi di "pianificazione fiscale" che mirano a massimizzare i profitti e ridurre le tasse attraverso l'uso di strategie legali o borderline. Anche se queste pratiche potrebbero non essere illegali in sé, sollevano comunque gravi questioni etiche e morali sul ruolo dei professionisti nel facilitare comportamenti discutibili da parte dei loro clienti.

Ma forse il problema più grave dell'evasione fiscale è il suo impatto sulla fiducia nella legge e nelle istituzioni. Quando i cittadini vedono che le élite economiche e politiche possono eludere il fisco impunemente, perdono la fiducia nelle istituzioni e nel sistema giudiziario, alimentando il senso di ingiustizia e disaffezione civica. Questo può portare a un circolo vizioso in cui la mancanza di fiducia nell'autorità pubblica alimenta comportamenti antisociali e comportamenti illegali, creando una spaccatura sempre più ampia tra governanti e governati.

Ma se vogliamo veramente affrontare il problema dell'evasione fiscale, dobbiamo guardare oltre le soluzioni punitive e cercare di affrontare le radici del problema. Questo significa riformare il sistema fiscale in modo da renderlo più equo e trasparente, riducendo le lacune normative che permettono l'evasione fiscale e combattendo la corruzione e il nepotismo che favoriscono gli interessi delle élite economiche e politiche a discapito della società nel suo complesso. Ma anche noi, come cittadini, dobbiamo fare la nostra parte nel combattere l'evasione fiscale, denunciando comportamenti illegali e adottando pratiche etiche e responsabili nella nostra vita quotidiana. Solo attraverso un impegno collettivo e una volontà politica possiamo sperare di porre fine a questo ciclo di ingiustizia fiscale e costruire una società più equa e solidale per tutti i suoi membri.

Capitolo 8:

La necessità di un cambiamento - Riforme politiche

Nella repubblica delle banane, i politici spesso si trovano a fare promesse allettanti per conquistare il consenso dei cittadini. Ma quando si tratta di mettere in atto vere e proprie riforme politiche, la storia ci insegna che le promesse si trasformano facilmente in vani proclami, mentre il sistema politico rimane immutato, immobile come una statua di pietra.

I politici, come gli attori di un teatro dell'assurdo, recitano le loro parti con fervore e passione, promettendo cambiamenti epocali e riforme rivoluzionarie. Ma una volta saliti al potere, si dimenticano presto delle loro promesse, abbandonando i cittadini alla mercé di un sistema politico corrotto e iniquo.

Ma perché questo accade? Per capirlo, dobbiamo analizzare le dinamiche del potere politico e il funzionamento delle istituzioni democratiche. In teoria, i politici dovrebbero essere al servizio del popolo, e le istituzioni democratiche dovrebbero garantire il rispetto della volontà popolare. Ma nella pratica, le cose non stanno così. I politici sono spesso più interessati a preservare il proprio potere e i propri privilegi che a servire l'interesse pubblico, mentre le istituzioni democratiche sono facilmente influenzate dai poteri forti dell'economia e della finanza.

Ma la vera domanda è: possiamo davvero cambiare questo sistema politico marcio e corrotto? La risposta è sì, ma non sarà facile. Per farlo, dobbiamo agire su più fronti, combattendo la corruzione e la malapolitica, promuovendo la trasparenza e l'accountability, e riformando le istituzioni democratiche per renderle più rappresentative e partecipative.

Una delle prime sfide che dobbiamo affrontare è la corruzione endemica che affligge il nostro sistema politico. La corruzione non riguarda solo la tangente o il favoritismo, ma anche la gestione distorta dei fondi pubblici e l'uso improprio delle risorse dello Stato a fini privati. Questo fenomeno, diffuso a tutti i livelli della politica, mina la fiducia dei cittadini nelle istituzioni democratiche e alimenta il malcontento e la disaffezione civica.

Per combattere la corruzione, dobbiamo rafforzare i meccanismi di controllo e vigilanza, promuovere la trasparenza e l'accesso alle informazioni pubbliche, e punire severamente chi si rende responsabile di atti illeciti. Ma oltre alle misure punitive, dobbiamo anche adottare politiche preventive, promuovendo una cultura della legalità e dell'integrità tra i cittadini e i funzionari pubblici.

Ma la corruzione non è l'unica minaccia per la nostra democrazia. Anche la malapolitica e il clientelismo rappresentano una grave minaccia per il buon funzionamento delle istituzioni democratiche. Troppo spesso, i politici si preoccupano più di garantire il proprio consenso elettorale che di perseguire l'interesse pubblico, distribuendo favori e privilegi a clienti politici e sostenitori.

Per combattere la malapolitica, dobbiamo promuovere una cultura della partecipazione e dell'impegno civico, incoraggiando i cittadini a essere attivi nella vita politica e a monitorare da vicino l'operato dei loro rappresentanti eletti. Ma oltre alla partecipazione dei cittadini, dobbiamo anche riformare il sistema elettorale per renderlo più equo e rappresentativo, eliminando i meccanismi che favoriscono i partiti dominanti e promuovendo una maggiore pluralità e diversità politica.

Ma forse la sfida più grande che dobbiamo affrontare è il senso di impotenza e disillusione che pervade la nostra società. Troppo spesso, i cittadini si sentono alienati e disillusi dalla politica, convinti che il loro voto non faccia alcuna differenza e che le istituzioni democratiche siano in mano ai poteri forti dell'economia e della finanza.

Per superare questa sfida, dobbiamo promuovere una nuova cultura politica basata sull'empowerment e sulla partecipazione attiva dei cittadini. Dobbiamo incoraggiare i cittadini a prendere in mano il proprio destino politico, a organizzarsi e a lottare per i propri diritti e interessi, e a pretendere trasparenza e responsabilità dai loro rappresentanti eletti.

Ma la riforma politica non può limitarsi alle istituzioni democratiche. Deve anche coinvolgere l'economia e la società nel suo complesso. Dobbiamo combattere la disuguaglianza economica e sociale che mina la nostra democrazia, promuovendo politiche di redistribuzione del reddito e di inclusione sociale che riducano le disparità di ricchezza e di potere tra i cittadini.

Se la politica è lo specchio della società, allora il nostro riflesso è distorto e opaco, riflettendo una realtà che ci sembra sempre più estranea e incomprensibile. Le riforme politiche sono diventate una necessità impellente, una sorta di urgente terapia intensiva per una democrazia malata. Ma cosa possiamo fare per cambiare le cose? Quali sono le riforme politiche necessarie per riportare la politica al servizio dei cittadini?

Una delle prime cose da affrontare è il sistema elettorale. Troppo spesso, il sistema elettorale favorisce i partiti dominanti e limita la rappresentanza dei cittadini. È ora di mettere fine a questo status quo e adottare un sistema elettorale più proporzionale e inclusivo, che dia voce a tutte le minoranze e non penalizzi i partiti più piccoli.

Ma non è sufficiente cambiare il sistema elettorale. Dobbiamo anche riformare il sistema politico nel suo complesso, riducendo i privilegi dei politici e aumentando la trasparenza e l'accountability delle istituzioni. Gli elettori devono sapere come vengono spesi i loro soldi e quali decisioni vengono prese in loro nome. Solo così potremo ripristinare la fiducia nella politica e nella democrazia.

Una delle riforme più urgenti è la riduzione del numero dei parlamentari. Con un numero eccessivo di parlamentari, il nostro sistema politico è diventato ingombrante e inefficiente. Riducendo il numero dei parlamentari, potremmo risparmiare milioni di euro ogni anno e rendere il nostro sistema politico più agile e reattivo alle esigenze dei cittadini.

Ma non è solo una questione di quantità, ma anche di qualità. Dobbiamo attrarre persone competenti e motivate a entrare in politica, anziché respingerle con burocrazia e corruzione. Le riforme devono essere progettate per rendere la politica più accessibile e attraente per tutti, non solo per coloro che cercano il potere per il potere stesso.

Una delle sfide più grandi è l'influenza dei poteri forti sull'azione politica. Le lobby e gli interessi privati spesso influenzano le decisioni dei politici a discapito dell'interesse pubblico. È necessario introdurre regole più severe sulla trasparenza e sulla dichiarazione di interessi per ridurre l'influenza dei gruppi di pressione e garantire che le decisioni politiche siano prese nell'interesse di tutti i cittadini, non solo di pochi privilegiati.

Ma la riforma politica non può fermarsi qui. Dobbiamo anche riformare il sistema giudiziario per garantire che sia indipendente e imparziale, e che sia in grado di perseguire efficacemente la corruzione e l'illegalità a tutti i livelli. Solo con un sistema giudiziario forte e indipendente possiamo garantire che la legge sia uguale per tutti, ricchi e poveri, potenti e deboli.

Una delle riforme più urgenti è quella della pubblica amministrazione. Troppo spesso, la burocrazia e l'inefficienza ostacolano il buon funzionamento delle istituzioni pubbliche, rendendo difficile per i cittadini accedere ai servizi di cui hanno bisogno. È necessario semplificare e modernizzare la pubblica amministrazione, riducendo la burocrazia e migliorando i servizi offerti ai cittadini.

Ma forse la riforma più importante è quella della cultura politica. Dobbiamo educare i cittadini a essere cittadini attivi e responsabili, capaci di partecipare attivamente alla vita politica e di esercitare il proprio diritto di voto in modo informato e consapevole. Solo così potremo costruire una democrazia più forte e inclusiva, capace di rispondere alle esigenze e alle aspirazioni di tutti i cittadini.

Capitolo 9:

Arlecchino si confessò burlando

Arlecchino, il personaggio della commedia dell'arte con il volto mascherato e il cuore imperturbabile, sembra incarnare perfettamente lo spirito della politica italiana. In questa grande commedia, i politici agiscono come attori improvvisati su un palcoscenico traballante, mentre il pubblico osserva con un misto di divertimento e disperazione. Ma dietro le risate e gli applausi si nasconde una realtà amara, fatta di intrighi, corruzione e cinismo. In questo capitolo, esploreremo le molteplici facce della politica italiana, cercando di comprendere le sue radici storiche, le sue contraddizioni e le sue prospettive future.

Partiamo dall'origine di questa grande commedia. La politica italiana è il risultato di secoli di storia turbolenta, fatta di guerre, rivoluzioni e tradizioni secolari. Le sue radici affondano nel Rinascimento, quando le città-stato italiane erano il centro del mondo culturale e politico. Ma mentre il Rinascimento ha lasciato un'eredità di arte e cultura, ha anche seminato i semi della discordia politica, creando rivalità e divisioni che perdurano ancora oggi.

Nel corso dei secoli, l'Italia è stata teatro di conflitti politici e sociali, che hanno plasmato il carattere del suo popolo e la sua identità nazionale. Dalle lotte per l'indipendenza alle guerre mondiali, l'Italia ha attraversato momenti di grande splendore e oscurità, ma ha sempre saputo rialzarsi dalle ceneri e guardare avanti con speranza e determinazione.

Ma mentre l'Italia si evolveva, anche la sua politica subiva cambiamenti profondi. Dalla monarchia alla repubblica, dall'autoritarismo al pluralismo, la politica italiana ha attraversato molte trasformazioni, ma ha mantenuto intatta la sua essenza, fatta di passioni, rivalità e giochi di potere.

Uno dei tratti distintivi della politica italiana è il suo carattere teatrale. La politica italiana è sempre stata una grande commedia, dove i politici si muovono come attori sul palcoscenico, recitando le proprie parti con maestria e disinvoltura. Ma dietro le maschere e le smorfie si nascondono ambizioni, interessi e calcoli politici, che spesso si scontrano con l'interesse pubblico.

Ma la politica italiana non è solo una commedia, è anche un dramma. Un dramma fatto di corruzione, scandali e tradimenti, che minano la fiducia dei cittadini nelle istituzioni e nei loro rappresentanti. La politica italiana è spesso un teatro dell'assurdo, dove la realtà supera la finzione e dove il confine tra il tragico e il comico diventa sempre più sfumato.

Ma nonostante tutte le sue contraddizioni e ambiguità, la politica italiana ha anche i suoi eroi e i suoi santi. Uomini e donne che hanno dedicato la loro vita al servizio della patria, lottando per la libertà, la giustizia e la dignità umana. Sono loro i veri protagonisti di questa grande commedia, gli attori che, con il loro impegno e la loro dedizione, danno senso e significato a questa grande avventura chiamata politica.

Ma la politica italiana è anche un mosaico di culture, tradizioni e identità, che si fondono e si scontrano in un abbraccio appassionato. Dalle Alpi all'Etna, dall'Adriatico al Tirreno, l'Italia è un paese ricco di contrasti e contraddizioni, che si riflettono nella sua politica e nella sua vita sociale. Ma proprio questa diversità è la sua forza, la sua anima, il suo cuore pulsante.

E così, mentre Arlecchino si confessa burlando, noi continuiamo a osservare questo spettacolo unico e straordinario chiamato politica. Con ironia e saggezza, con speranza e determinazione, continuiamo a camminare lungo il sentiero tortuoso della storia, consapevoli che solo comprendendo il passato possiamo costruire il futuro. E mentre la grande commedia della politica italiana continua a svolgersi sotto i nostri occhi, continuiamo a sognare e a lottare per un'Italia migliore, più giusta, più libera, più umana.

Nel vasto panorama della politica italiana, Arlecchino emerge come un'icona di quella complessa e a volte bizzarra danza che caratterizza il teatro politico italiano. La sua figura mascherata e multiforme riflette la natura mutevole e contraddittoria della politica stessa, una miscela di tragedia e commedia che ha affascinato e intrattenuto il pubblico per secoli.

Arlecchino, con la sua maschera scintillante e il suo spirito vivace, incarna l'essenza dell'italianità, con la sua vitalità, la sua creatività e la sua capacità di adattarsi alle circostanze mutevoli. Ma dietro la sua facciata giocosa si nasconde spesso un'intelligenza acuta e un profondo senso di saggezza, che gli permettono di navigare tra le insidie e gli intrighi della politica con agilità e destrezza.

La politica italiana è sempre stata una grande commedia, con i suoi eroi e i suoi villain, i suoi momenti di trionfo e le sue tragedie epiche. Mentre il pubblico applaude e ride di fronte alle macchinazioni dei politici sul palcoscenico, si chiede spesso se dietro la maschera c'è davvero un volto umano o solo un'altra maschera, un'altra finzione.

Arlecchino, con la sua innata capacità di adattarsi a qualsiasi situazione, incarna perfettamente lo spirito pragmatico del politico, dove tutto è possibile e nulla è impossibile. Il suo umorismo caustico e la sua astuzia sono armi potentissime in un mondo dominato da giochi di potere e rivalità politiche. Ma dietro la sua facciata buffa si nasconde spesso un'anima tormentata, una profonda solitudine che lo rende vulnerabile alle tentazioni e alle insidie del potere.

Nella grande commedia della politica italiana, Arlecchino è spesso relegato al ruolo di comparsa, un personaggio marginale destinato a divertire il pubblico senza mai rubare la scena ai protagonisti principali. Ma è proprio questa sua marginalità che gli permette di osservare la politica italiana da una prospettiva privilegiata, lontano dalle luci della ribalta e dalle lusinghe del potere.

Arlecchino, con il suo spirito libero e la sua mente acuta, è spesso l'unico in grado di vedere oltre le apparenze e cogliere la verità nascosta dietro le maschere. La sua saggezza popolare e la sua ironia pungente sono una fonte preziosa di ispirazione per chiunque voglia comprendere la complessità della politica italiana e il suo impatto sulla vita quotidiana dei cittadini.

Ma Arlecchino non è solo un osservatore passivo, è anche un attore attivo che cerca di influenzare gli eventi e cambiare il corso della storia. Con la sua astuzia e il suo ingegno, è spesso in grado di superare le sfide e le difficoltà che la politica italiana gli pone di fronte, dimostrando che anche i personaggi più umili possono avere un ruolo da protagonisti nella grande commedia della politica italiana.

La distanza tra il pubblico e i politici sembra diventare sempre più grande, con un crescente senso di alienazione e disillusione che permea la società. Ma il nostro Arlecchino di turno è lì per ricordarci che la politica non è solo una questione di potere e privilegi, ma anche di dovere e responsabilità verso i cittadini. Con la sua umanità e la sua umiltà, ci ricorda che la politica italiana è prima di tutto una grande commedia umana, fatta di speranze e sogni, fallimenti e trionfi.

Nella sua lunga storia, la politica ha conosciuto momenti di grande splendore e oscurità, ma ha sempre saputo rialzarsi e guardare avanti con speranza e determinazione. E mentre la grande commedia politica continua a svolgersi sotto i nostri occhi, continuiamo a seguire con interesse e curiosità, consapevoli che solo comprendendo il passato possiamo costruire il futuro. E mentre Arlecchino si confessa burlando, noi continuiamo a sognare e a lottare per un'Italia migliore, più giusta, più libera, più umana.

Capitolo 10:

La Battaglia di Santa Marta e la Tarasca

Nel vasto panorama della storia e della mitologia, emergono racconti che si intrecciano con le trame della società, rivelando profonde verità e riflessioni sulla condizione umana. Uno di questi racconti è quello di Santa Marta e la Tarasca, un'epica battaglia tra il bene e il male che risuona ancora oggi con una rilevanza sorprendente.

Marta, la figura centrale di questa narrazione leggendaria, incarna l'essenza della virtù e del coraggio. Come sorella di Lazzaro e Maria Maddalena, è una figura biblica ben nota per la sua fede e la sua devozione. Tuttavia, è il suo confronto con la Tarasca che la porta alla ribalta come una vera eroina, una donna coraggiosa pronta a fronteggiare le forze oscure che minacciano la pace e la prosperità della sua comunità.

La Tarasca, descritta come un mostro metà bestia e metà pesce, rappresenta il male incarnato, una forza brutale e incontrollabile che semina terrore e distruzione ovunque vada. La sua apparizione minaccia l'equilibrio della società e la sicurezza dei suoi abitanti, mettendo alla prova la resistenza e la determinazione di coloro che osano sfidarla.

La battaglia tra Marta e la Tarasca è un'epopea di proporzioni epiche, una lotta che va oltre il semplice scontro fisico per diventare un conflitto simbolico tra la luce e le tenebre, la giustizia e l'ingiustizia. Armata solo di un aspersorio e un'acquasantiera, Marta sfida il mostro con una determinazione ferrea e una fede incrollabile, dimostrando che la forza più grande non risiede nella potenza fisica, ma nella purezza d'intenti e nella volontà di difendere ciò che è giusto.

La miniatura che raffigura il momento culminante dello scontro è un'immagine potente e suggestiva, che cattura l'essenza della lotta tra Marta e la Tarasca. Mentre due uomini tentano di abbattere la bestia con le loro armi, è Marta, con il suo gesto semplice ma potente di spruzzare acqua santa, che mostra il vero coraggio e la vera forza interiore.

Ma la storia di Santa Marta e la Tarasca non è solo un racconto di avventure e eroismo, è anche una metafora potente della società contemporanea e delle sfide che affrontiamo nel nostro mondo moderno. Come Marta, ci troviamo di fronte a forze oscure e minacce inimmaginabili che mettono alla prova la nostra resilienza e il nostro impegno per la giustizia e la verità.

La Tarasca, con la sua natura malvagia e distruttiva, può essere vista come una rappresentazione delle molteplici crisi e conflitti che affliggono la nostra società oggi, dalle ingiustizie sociali alle crisi ambientali, dalle tensioni politiche alle minacce alla pace e alla sicurezza globale.

Come Marta, dobbiamo affrontare queste sfide con coraggio e determinazione, armati della nostra fede nella giustizia e nella solidarietà umana. Dobbiamo essere pronti a difendere ciò che è giusto e a combattere contro le forze dell'ingiustizia e dell'oppressione, sapendo che la nostra lotta non è solo per noi stessi, ma per le generazioni future e per l'intero pianeta.

La storia di Santa Marta e la Tarasca ci ricorda che la lotta tra il bene e il male è eterna e universale, ma che con la fede e la determinazione possiamo superare anche le sfide più insormontabili e costruire un mondo migliore per tutti. Che la luce possa sempre trionfare sulle tenebre e che la giustizia possa sempre prevalere sull'ingiustizia.

Nel vasto panorama della storia e della mitologia, emergono racconti che si intrecciano con le trame della società, rivelando profonde verità e riflessioni sulla condizione umana. Uno di questi racconti è quello di Santa Marta e la Tarasca, un'epica battaglia tra il bene e il male che risuona ancora oggi con una rilevanza sorprendente.

Marta, la figura centrale di questa narrazione leggendaria, incarna l'essenza della virtù e del coraggio. Come sorella di Lazzaro e Maria Maddalena, è una figura biblica ben nota per la sua fede e la sua devozione. Tuttavia, è il suo confronto con la Tarasca che la porta alla ribalta come una vera eroina, una donna coraggiosa pronta a fronteggiare le forze oscure che minacciano la pace e la prosperità della sua comunità.

La Tarasca, descritta come un mostro metà bestia e metà pesce, rappresenta il male incarnato, una forza brutale e incontrollabile che semina terrore e distruzione ovunque vada. La sua apparizione minaccia l'equilibrio della società e la sicurezza dei suoi abitanti, mettendo alla prova la resistenza e la determinazione di coloro che osano sfidarla.

La battaglia tra Marta e la Tarasca è un'epopea di proporzioni epiche, una lotta che va oltre il semplice scontro fisico per diventare un conflitto simbolico tra la luce e le tenebre, la giustizia e l'ingiustizia. Armata solo di un aspersorio e un'acquasantiera, Marta sfida il mostro con una determinazione ferrea e una fede incrollabile, dimostrando che la forza più grande non risiede nella potenza fisica, ma nella purezza d'intenti e nella volontà di difendere ciò che è giusto.

La miniatura che raffigura il momento culminante dello scontro è un'immagine potente e suggestiva, che cattura l'essenza della lotta tra Marta e la Tarasca. Mentre due uomini tentano di abbattere la bestia con le loro armi, è Marta, con il suo gesto semplice ma potente di spruzzare acqua santa, che mostra il vero coraggio e la vera forza interiore.

Ma la storia di Santa Marta e la Tarasca non è solo un racconto di avventure e eroismo, è anche una metafora potente della società contemporanea e delle sfide che affrontiamo nel nostro mondo moderno. Come Marta, ci troviamo di fronte a forze oscure e minacce inimmaginabili che mettono alla prova la nostra resilienza e il nostro impegno per la giustizia e la verità.

La Tarasca, con la sua natura malvagia e distruttiva, può essere vista come una rappresentazione delle molteplici crisi e conflitti che affliggono la nostra società oggi, dalle ingiustizie sociali alle crisi ambientali, dalle tensioni politiche alle minacce alla pace e alla sicurezza globale.

Come Marta, dobbiamo affrontare queste sfide con coraggio e determinazione, armati della nostra fede nella giustizia e nella solidarietà umana. Dobbiamo essere pronti a difendere ciò che è giusto e a combattere contro le forze dell'ingiustizia e dell'oppressione, sapendo che la nostra lotta non è solo per noi stessi, ma per le generazioni future e per l'intero pianeta.

La storia di Santa Marta e la Tarasca ci ricorda che la lotta tra il bene e il male è eterna e universale, ma che con la fede e la determinazione possiamo superare anche le sfide più insormontabili e costruire un mondo migliore per tutti. Che la luce possa sempre trionfare sulle tenebre e che la giustizia possa sempre prevalere sull'ingiustizia.

Il racconto di Santa Marta e la sua eroica lotta contro la Tarasca può essere interpretato anche come un'opportunità per riflettere sul ruolo delle donne nella società, passato e presente, e sulle sfide che ancora oggi affrontano nel mondo contemporaneo.

Nel contesto della narrazione religiosa, Marta emerge come una figura di forza, coraggio e fede, una donna che non si accontenta di restare in secondo piano ma si impegna attivamente nella difesa del suo popolo e nella lotta contro le forze del male. Il suo gesto di sconfiggere la Tarasca diventa un simbolo potente di emancipazione e di liberazione, una testimonianza della capacità delle donne di affrontare e superare le sfide più grandi.

Questa visione di Marta come un'icona di forza femminile può essere collegata al movimento femminista contemporaneo, che si batte per l'uguaglianza di genere e per il riconoscimento dei diritti delle donne in tutte le sfere della vita sociale, politica ed economica. Come Marta, le donne di oggi sono chiamate a lottare contro le ingiustizie e le discriminazioni che ancora persistono nella nostra società, affermando il loro valore e la loro dignità come esseri umani pienamente capaci di contribuire al progresso e al benessere comune.

Tuttavia, nonostante i progressi compiuti nel corso degli anni, le donne continuano ad affrontare numerose sfide legate alle disuguaglianze di genere e alle discriminazioni strutturali presenti nella società. Dalla disparità di retribuzione sul posto di lavoro alla sotto-rappresentazione nelle posizioni di potere e di leadership, dalle limitazioni nell'accesso all'istruzione e alla sanità alla persistenza della violenza di genere, le donne si trovano spesso a lottare per i loro diritti e il loro riconoscimento.

In questo contesto, il racconto di Santa Marta e la sua vittoria sulla Tarasca assumono un significato particolare, diventando un richiamo alla necessità di valorizzare e sostenere le donne nelle loro battaglie per l'uguaglianza e la giustizia. Come Marta, le donne devono trovare il coraggio di alzarsi contro le ingiustizie e di difendere i propri diritti, sapendo di poter contare sul sostegno e sulla solidarietà di coloro che condividono la loro causa.

Ma la storia di Santa Marta e la sua lotta contro la Tarasca può anche essere letta come una metafora della società contemporanea, dominata da ingiustizie economiche, sociali e fiscali che mettono a dura prova la vita dei cittadini comuni. In un mondo segnato da crescenti disuguaglianze e da una distribuzione sempre più squilibrata della ricchezza, le donne, insieme agli altri membri svantaggiati della società, si trovano ad affrontare non solo le minacce esterne ma anche le pressioni e le difficoltà interne generate da un sistema fiscale ingiusto e oppressivo.

Le tasse e i tributi, che dovrebbero servire a finanziare i servizi pubblici e a garantire il benessere della collettività, diventano spesso un peso insostenibile per le famiglie e i cittadini, che si trovano costretti a far fronte a una serie di oneri eccessivi che minano la loro stabilità economica e il loro benessere generale. La morte stessa non rappresenta una liberazione da queste responsabilità finanziarie, poiché i debiti e gli obblighi fiscali possono persistere anche dopo la fine della vita terrena, gravando sulle spalle dei parenti e dei discendenti.

In questa prospettiva, la figura di Santa Marta diventa ancora più significativa, offrendo un esempio di determinazione e coraggio che può ispirare le donne e tutti coloro che si battono per un mondo più giusto e equo. La sua vittoria sulla Tarasca diventa un simbolo di speranza e di fiducia nelle capacità umane di superare le sfide più difficili, anche quando sembrano insormontabili.

Tuttavia, la storia di Santa Marta ci ricorda anche che la lotta per l'uguaglianza e la giustizia non è mai conclusa e che dobbiamo continuare a impegnarci attivamente per costruire un mondo migliore per tutti, un mondo in cui le donne e gli uomini possano vivere liberi da discriminazioni e oppressioni di ogni tipo. Solo attraverso un impegno comune e solidale possiamo sperare di realizzare il sogno di una società più giusta e equa per tutti i suoi membri.

Capitolo 11

Libero Arbitrio e Gregge Manipolato

Nel vasto teatro dell'esistenza umana, una domanda riecheggia incessantemente nelle menti curiose e negli animi inquieti: il libero arbitrio è solo un'illusione, o esiste davvero la possibilità per l'individuo di determinare il proprio destino? Se potessimo scrutare nell'abisso dell'animo umano, ci troveremmo di fronte a un intricato labirinto di scelte apparentemente autonome, ma quanto di queste sono veramente libere?

Il concetto stesso di libero arbitrio è stato messo in discussione da filosofi, teologi e scienziati per secoli. Alcuni sostengono che l'uomo sia solo un burattino nelle mani di forze più grandi, che ogni sua azione sia determinata da cause e condizioni al di là del suo controllo. Altri, invece, difendono strenuamente l'idea che l'uomo abbia il potere di scegliere il proprio cammino, di modellare il proprio destino con le proprie decisioni.

Ma cosa succede quando il libero arbitrio si scontra con le forze del conformismo e della manipolazione? Quando il desiderio individuale viene sopraffatto dalla pressione sociale e dalle strategie di controllo messe in atto dalle élite dominanti?

Per rispondere a questa domanda, dobbiamo esaminare da vicino il comportamento delle masse umane, che troppo spesso si comportano come un gregge, seguendo ciecamente il pascolo tracciato dai loro pastori invisibili. Perché, si potrebbe chiedere, un popolo si comporta come un gregge? Qual è il meccanismo che spinge gli individui a abbandonare la propria autonomia in cambio di un senso di sicurezza e appartenenza al gruppo?

La risposta risiede nella natura stessa dell'uomo, un essere sociale e gregario che tende a cercare conforto e protezione nell'appartenenza a un gruppo. Ma questa inclinazione naturale viene sfruttata e distorta dai potenti per mantenere il controllo sulle popolazioni, per manipolare le masse a proprio piacimento.

L'importanza del "divide et impera" diventa evidente in questo contesto. La strategia dei potenti è sempre stata quella di seminare discordia e divisione tra le persone, di creare artificiali barriere e conflitti per impedire loro di unirsi e ribellarsi al loro dominio. Quando il popolo è diviso, è più facile da controllare, più vulnerabile alle manipolazioni e alle ingiustizie perpetrate dai suoi oppressori.

E così, ci ritroviamo in un mondo in cui il libero arbitrio è soffocato dalla morsa dell'ignoranza e della manipolazione. Le masse sono indotte a credere di essere libere di scegliere, mentre in realtà sono schiave delle illusioni create dai loro stessi oppressori. Il gregge seguc il pastore senza rendersi conto che il suo destino è già stato deciso per lui, che le sue azioni sono predestinate dalla macchinazione dei potenti.

Ma c'è speranza, anche in questo desolante panorama. Perché anche se il libero arbitrio può essere limitato e distorto, non può mai essere completamente annientato. L'uomo ha ancora la capacità di alzarsi contro le catene della manipolazione, di sfidare le convenzioni sociali e di rivendicare la propria autonomia e dignità.

La consapevolezza è la chiave per liberarsi dal giogo della manipolazione. Quando le persone aprono gli occhi e vedono la realtà per quello che è veramente, quando si rendono conto che sono state ingannate e sfruttate per troppo tempo, allora possono iniziare a lottare per il loro vero libero arbitrio, per la loro vera emancipazione.

Ma questa lotta non sarà facile, perché i potenti non cederanno il loro potere volontariamente. Saranno pronti a combattere con ogni mezzo a loro disposizione per mantenere il loro dominio sulle masse. Ecco perché è importante che coloro che hanno la consapevolezza e il coraggio di sfidare l'ordine costituito si uniscano e lottino insieme per un futuro migliore per tutti.

Il libero arbitrio può essere una forza potente, ma solo se è coltivato e difeso con determinazione e impegno. Dobbiamo resistere alla tentazione di cedere alla pressione sociale e alle illusioni della manipolazione, e invece abbracciare la nostra vera autonomia e responsabilità come esseri umani liberi.

Solo allora potremo sperare di costruire un mondo in cui il libero arbitrio sia veramente rispettato e valorizzato, in cui ogni individuo abbia la possibilità di determinare il proprio destino senza essere soggetto alle menzogne e alle manipolazioni dei potenti. Che possiamo trovare la forza e il coraggio di lottare per questo ideale, perché solo allora potremo davvero dire di essere veramente liberi.

Nel vasto teatro dell'esistenza umana, una domanda riecheggia incessantemente nelle menti curiose e negli animi inquieti: il libero arbitrio è solo un'illusione, o esiste davvero la possibilità per l'individuo di determinare il proprio destino? Se potessimo scrutare nell'abisso dell'animo umano, ci troveremmo di fronte a un intricato labirinto di scelte apparentemente autonome, ma quanto di queste sono veramente libere?

Il concetto stesso di libero arbitrio è stato messo in discussione da filosofi, teologi e scienziati per secoli. Alcuni sostengono che l'uomo sia solo un burattino nelle mani di forze più grandi, che ogni sua azione sia determinata da cause e condizioni al di là del suo controllo. Altri, invece, difendono strenuamente l'idea che l'uomo abbia il potere di scegliere il proprio cammino, di modellare il proprio destino con le proprie decisioni.

Ma cosa succede quando il libero arbitrio si scontra con le forze del conformismo e della manipolazione? Quando il desiderio individuale viene sopraffatto dalla pressione sociale e dalle strategie di controllo messe in atto dalle élite dominanti?

Per rispondere a questa domanda, dobbiamo esaminare da vicino il comportamento delle masse umane, che troppo spesso si comportano come un gregge, seguendo ciecamente il pascolo tracciato dai loro pastori invisibili. Perché, si potrebbe chiedere, un popolo si comporta come un gregge? Qual è il meccanismo che spinge gli individui a abbandonare la propria autonomia in cambio di un senso di sicurezza e appartenenza al gruppo?

La risposta risiede nella natura stessa dell'uomo, un essere sociale e gregario che tende a cercare conforto e protezione nell'appartenenza a un gruppo. Ma questa inclinazione naturale viene sfruttata e distorta dai potenti per mantenere il controllo sulle popolazioni, per manipolare le masse a proprio piacimento.

L'importanza del "divide et impera" diventa evidente in questo contesto. La strategia dei potenti è sempre stata quella di seminare discordia e divisione tra le persone, di creare artificiali barriere e conflitti per impedire loro di unirsi e ribellarsi al loro dominio. Quando il popolo è diviso, è più facile da controllare, più vulnerabile alle manipolazioni e alle ingiustizie perpetrate dai suoi oppressori.

E così, ci ritroviamo in un mondo in cui il libero arbitrio è soffocato dalla morsa dell'ignoranza e della manipolazione. Le masse sono indotte a credere di essere libere di scegliere, mentre in realtà sono schiave delle illusioni create dai loro stessi oppressori. Il gregge segue il pastore senza rendersi conto che il suo destino è già stato deciso per lui, che le sue azioni sono predestinate dalla macchinazione dei potenti.

Ma c'è speranza, anche in questo desolante panorama. Perché anche se il libero arbitrio può essere limitato e distorto, non può mai essere completamente annientato. L'uomo ha ancora la capacità di alzarsi contro le catene della manipolazione, di sfidare le convenzioni sociali e di rivendicare la propria autonomia e dignità.

La consapevolezza è la chiave per liberarsi dal giogo della manipolazione. Quando le persone aprono gli occhi e vedono la realtà per quello che è veramente, quando si rendono conto che sono state ingannate e sfruttate per troppo tempo, allora possono iniziare a lottare per il loro vero libero arbitrio, per la loro vera emancipazione.

Ma questa lotta non sarà facile, perché i potenti non cederanno il loro potere volontariamente. Saranno pronti a combattere con ogni mezzo a loro disposizione per mantenere il loro dominio sulle masse. Ecco perché è importante che coloro che hanno la consapevolezza e il coraggio di sfidare l'ordine costituito si uniscano e lottino insieme per un futuro migliore per tutti.

Il libero arbitrio può essere una forza potente, ma solo se è coltivato e difeso con determinazione e impegno. Dobbiamo resistere alla tentazione di cedere alla pressione sociale e alle illusioni della manipolazione, e invece abbracciare la nostra vera autonomia e responsabilità come esseri umani liberi.

Solo allora potremo sperare di costruire un mondo in cui il libero arbitrio sia veramente rispettato e valorizzato, in cui ogni individuo abbia la possibilità di determinare il proprio destino senza essere soggetto alle menzogne e alle manipolazioni dei potenti. Che possiamo trovare la forza e il coraggio di lottare per questo ideale, perché solo allora potremo davvero dire di essere veramente liberi.

Capitolo 12

L'Europa e i Falsi Profeti

Nel cuore dell'Europa, terra di antiche culture e gloriose civiltà, si staglia un'ombra oscura, una presenza sinistra che mina le fondamenta stesse della nostra società. Sono i falsi profeti del nostro tempo, coloro che ci promettono un futuro radioso mentre ci trascinano sempre più giù nell'abisso del declino.

L'Europa, un tempo considerata il faro della civiltà occidentale, è ora un guscio vuoto, un pallido riflesso di ciò che un tempo fu. Le sue città sono soffocate dallo smog delle fabbriche e degli automezzi, i suoi fiumi avvelenati dalle acque luride delle industrie. Ma ciò che è più preoccupante di tutto è il declino morale e spirituale che permea ogni angolo della nostra società.

L'utopia tanto sognata si è trasformata in una distopia, un incubo in cui l'avidità e l'egoismo regnano sovrani. Mentre una piccola élite gode dei frutti del nostro lavoro, le masse sono condannate a una vita di miseria e disperazione. L'Europa, una volta simbolo di progresso e prosperità, è ora diventata una prigione dorata per milioni di persone che lottano per sopravvivere.

E cosa possiamo dire dei falsi profeti che ci hanno condotti in questa trappola mortale? Essi sono i politici corrotti che promettono cambiamenti ma consegnano solo menzogne e inganni. Sono i magnati dell'industria che arricchiscono se stessi a spese degli altri, inquinando il pianeta e distruggendo le vite di milioni di persone. Sono i leader religiosi che predicano l'amore e la compassione, ma praticano solo l'ipocrisia e il cinismo.

La sovrappopolazione è diventata una piaga che minaccia di spazzare via ogni traccia di civiltà dalla faccia della terra. Le nostre città sono sovraffollate, le nostre risorse sono esaurite, eppure continuiamo a moltiplicarci come topi in una gabbia. E mentre ci affanniamo a cercare soluzioni tecnologiche e scientifiche ai nostri problemi, continuiamo a ignorare la verità più evidente: siamo troppi, troppo egoisti, troppo stupidi per sopravvivere.

Ma forse la cosa più ipocrita di tutte è l'atteggiamento dell'Europa verso il resto del mondo. Mentre ci vantiamo dei nostri valori di democrazia e diritti umani, continuiamo a commerciare con regimi dittatoriali e a sfruttare le risorse dei paesi più poveri. Siamo i moderni colonizzatori, i nuovi imperialisti che saccheggiano e depredano senza pietà, mentre fingiamo di essere portatori di civiltà e progresso.

E così ci troviamo di fronte a un bivio: possiamo continuare lungo questa strada, seguendo ciecamente i falsi profeti che ci conducono al disastro, o possiamo svegliarci dal nostro letargo e combattere per un futuro migliore. Possiamo scegliere la verità anziché le menzogne, la giustizia anziché l'ingiustizia, la solidarietà anziché l'egoismo.

Ma questa scelta non sarà facile, perché ciò che è in gioco è nient'altro che il nostro futuro, il futuro delle generazioni che verranno dopo di noi. Dobbiamo essere pronti a lottare con tutte le nostre forze, a sacrificare tutto ciò che abbiamo per difendere ciò che è giusto e vero. Dobbiamo essere disposti a combattere contro i falsi profeti e le loro bugie, a denunciare l'ipocrisia e l'ingiustizia ovunque le vediamo.

Solo allora possiamo sperare di costruire un mondo migliore, un mondo in cui l'Europa possa finalmente redimersi dai suoi peccati passati e diventare un faro di speranza per l'intera umanità. Ma questa speranza non può essere realizzata senza di noi, senza il nostro impegno e la nostra determinazione a combattere per la verità e la giustizia. Che possiamo trovare la forza di compiere questa scelta, perché solo allora potremo davvero dire di essere liberi.

In questa nuova visione di un mondo più sostenibile e armonioso con la natura, dobbiamo affrontare la realtà che ci circonda con occhi aperti e coscienza critica. Non possiamo più permetterci di vivere nell'illusione che le risorse del pianeta siano illimitate e che possiamo continuare a consumarle senza conseguenze.

Prendiamo ad esempio il nostro modo di alimentarci. Non possiamo più ignorare il fatto che per ogni pasto a base di carne che consumiamo stiamo contribuendo alla distruzione dell'ambiente e al deterioramento del nostro pianeta. Il ciclo insostenibile dell'allevamento intensivo è un peso troppo grande da sopportare per la Terra, che già si trova sotto il peso di una popolazione che cresce a ritmo esponenziale. Non possiamo più permetterci di ignorare il fatto che per ogni vaschetta di ali di pollo da dieci pezzi che consumiamo, sono stati allevati e uccisi cinque polli. Questo non è solo un enorme spreco di risorse, ma è anche moralmente riprovevole.

Dobbiamo quindi abbracciare un nuovo modello alimentare basato sulla sostenibilità e il rispetto per il pianeta. Questo significa ridurre drasticamente il consumo di carne e privilegiare una dieta a base vegetale, che richiede molto meno terreno, acqua e energia per essere prodotta. Significa anche promuovere pratiche agricole sostenibili che proteggano la biodiversità e preservino la fertilità del suolo.

Ma il cambiamento non deve limitarsi alla nostra alimentazione. Dobbiamo riconsiderare ogni aspetto del nostro stile di vita e delle nostre abitudini di consumo. Dobbiamo ridurre il nostro impatto ambientale scegliendo prodotti e materiali sostenibili, riducendo il nostro consumo di energia e promuovendo pratiche di riciclo e riutilizzo.

Tuttavia, questo cambiamento non deve essere distruttivo per la nostra società. Troppo spesso i nostri governanti europei adottano politiche ambientali che portano solo alla distruzione di interi settori industriali e alla perdita di milioni di posti di lavoro. L'industria automobilistica è solo uno degli esempi più lampanti di questa tendenza, con le politiche volte a ridurre le emissioni di gas serra che hanno portato alla chiusura di fabbriche e alla perdita di migliaia di posti di lavoro.

Inoltre, molti governi europei sembrano puntare il dito contro il gas naturale e le fonti fossili, demonizzandole come il male assoluto. Tuttavia, fino a ieri queste stesse fonti di energia sono state idolatrate come soluzioni al nostro fabbisogno energetico. Questo atteggiamento ipocrita e opportunista non solo danneggia le economie locali, ma mina anche la fiducia dei cittadini nelle istituzioni.

In questa prospettiva, le guerre di oggi sembrano sempre più strumentali agli obiettivi dei nostri governanti, che pensano solo a raggiungere i propri interessi a ogni costo. Non possiamo più permetterci di essere complici di queste politiche che portano solo a divisioni e conflitti, anziché a soluzioni concrete per i problemi che affliggono il nostro pianeta.

Dobbiamo invece lavorare insieme per costruire un futuro più sostenibile e equo per tutti. Dobbiamo sfidare i nostri governanti a fare di più per proteggere l'ambiente e garantire una vita dignitosa per tutti i cittadini, senza compromettere i nostri valori e principi fondamentali. Solo allora potremo sperare di costruire un mondo migliore per le generazioni future, un mondo in cui la pace, la giustizia e la prosperità siano alla portata di tutti.

Capitolo 13

Il sistema Sanitario: Un individuo sano è un cliente perso, un paziente guarito... altrettanto

Il sistema sanitario italiano, tanto decantato e lodato come modello di eccellenza, nasconde una rete intricata di menzogne e ipocrisie. Dietro le quinte, il vero obiettivo sembra essere tutt'altro che il benessere del cittadino. Un individuo sano è un cliente perso, un paziente guarito... altrettanto. È tempo di guardare oltre la patina di professionalità e altruismo per scoprire le crepe profonde che affliggono il nostro sistema sanitario.

I medici, coloro che dovrebbero essere i custodi della nostra salute, spesso si trovano intrappolati in un sistema che premia la malattia piuttosto che la cura. Incentivati da bonus e incentivi, molti hanno ceduto alla tentazione di prescrivere farmaci inutili, test diagnostici superflui e trattamenti costosi. La loro connivenza non è solo un tradimento del giuramento di Ippocrate, ma una complicità silenziosa che alimenta un ciclo di malattia e dipendenza medica.

Quando la pandemia di Covid-19 ha colpito, il sistema sanitario italiano ha mostrato tutte le sue debolezze. Anziché affrontare la crisi con trasparenza e competenza, la gestione del problema è stata caratterizzata da errori, confusioni e, non sorprendentemente, scandali finanziari. Le strutture sanitarie si sono trovate impreparate, i protocolli di sicurezza erano spesso inadeguati e la distribuzione delle risorse è stata gestita in modo approssimativo e inefficace.

La gestione della pandemia da parte dell'allora ministro della Salute, Roberto Speranza, e del suo staff merita un'analisi approfondita. Fin dai primi giorni della crisi, il ministro e il suo entourage hanno mostrato una sorprendente mancanza di preparazione e una gestione spesso contraddittoria e inefficace. Le prime fasi della pandemia sono state segnate da messaggi confusi e direttive contraddittorie, che hanno solo aumentato la paura e l'incertezza tra la popolazione.

Le scelte politiche e sanitarie fatte da Speranza e dal suo staff hanno portato a risultati disastrosi. Le misure di contenimento sono state implementate troppo tardi, e quando sono state finalmente adottate, erano spesso inefficaci o mal coordinate. La mancanza di una strategia chiara e la lentezza nel reagire alle nuove informazioni hanno contribuito alla diffusione incontrollata del virus. Inoltre, la decisione di non utilizzare prontamente alcune cure che si erano rivelate efficaci in altri paesi ha causato ulteriori morti evitabili.

L'era della vaccinazione ha portato con sé un'ondata di medici vaccinatori, pronti a intascare i generosi compensi offerti per ogni dose somministrata. Il denaro ha corrotto il nobile intento della campagna vaccinale, trasformandola in una corsa all'arricchimento personale.

Le cifre astronomiche guadagnate dai medici vaccinatori durante la pandemia non solo hanno sollevato sospetti, ma hanno anche messo in luce le priorità distorte di un sistema che sembra mettere il profitto davanti alla salute pubblica.

A livello europeo, la gestione della pandemia ha raggiunto nuovi picchi di opacità. La presidente della Commissione Europea, Ursula von der Leyen, è stata al centro di polemiche per i suoi messaggi privati con Albert Bourla, CEO di Pfizer, e per i contratti di acquisto dei vaccini, che sono stati secretati. Questo comportamento non solo mina la fiducia nelle istituzioni europee, ma solleva domande inquietanti sulla trasparenza e l'integrità delle decisioni prese durante la crisi. La collaborazione tra i governi e le case farmaceutiche ha sollevato molti dubbi sulla trasparenza e l'onestà delle operazioni. Gli scandali finanziari e i contratti segreti, come quelli tra l'Unione Europea e Pfizer, hanno messo in luce le ombre di un sistema più interessato ai profitti che alla salute pubblica. Ursula von der Leyen è stata criticata per i suoi messaggi privati con Albert Bourla e per la mancanza di trasparenza nei contratti di acquisto dei vaccini. Questo comportamento ha alimentato sospetti e teorie del complotto, danneggiando ulteriormente la credibilità delle istituzioni europee.

In Italia, come in molti altri paesi, chi ha osato mettere in discussione l'efficacia o la sicurezza dei vaccini Covid è stato rapidamente ghettizzato. I dissidenti del vaccino sono stati estromessi dalla vita sociale, spesso tramite l'uso del famigerato green pass, che è diventato un vero e proprio strumento di esclusione sociale. Questo tentativo di creare una tessera sociale obbligatoria ha portato a una divisione netta nella società, tra chi si è conformato e chi è stato marchiato come pericolo pubblico.

In questo contesto, il green pass è emerso come uno strumento di controllo sociale piuttosto che un mezzo per proteggere la salute pubblica. Il suo utilizzo ha creato una divisione netta nella società, con i non vaccinati trattati come cittadini di seconda classe. Questa ghettizzazione ha esacerbato le tensioni sociali e ha portato a una crescente sfiducia nei confronti delle autorità sanitarie. La prevenzione, tanto propagandata come chiave per un sistema sanitario efficiente, spesso non è altro che una facciata. Le campagne di prevenzione sono sovvenzionate dall'industria farmaceutica e spesso promuovono l'uso di farmaci piuttosto che cambiamenti nello stile di vita. Il risultato è una popolazione che dipende sempre di più da medicinali piuttosto che adottare abitudini sane.

Chi sono i veri beneficiari del sistema sanitario? Non certo i pazienti. Le case farmaceutiche e le strutture sanitarie private sono le uniche a trarre profitto da un sistema che considera la malattia come una fonte di reddito. Gli ospedali sono spesso gestiti come aziende, con l'obiettivo di massimizzare i profitti piuttosto che curare i pazienti. Un altro problema cruciale è la questione dei farmaci generici. Spesso ignorati o addirittura ostacolati dai medici, i farmaci generici rappresentano una soluzione più economica per molte malattie. Tuttavia, l'industria farmaceutica spinge affinché i medici prescrivano farmaci di marca, molto più costosi, ma non necessariamente più efficaci.

La pandemia di Covid-19 ha esposto le debolezze e le corruzioni del sistema sanitario italiano e internazionale.

 Per costruire un futuro più sano e giusto, è necessario ripensare radicalmente il nostro approccio alla salute pubblica. Dobbiamo esigere trasparenza, responsabilità e integrità da parte dei nostri governanti e dei professionisti della salute. Solo così potremo sperare di rompere il ciclo di malattia e dipendenza che affligge la nostra società.

È chiaro che il sistema sanitario italiano ha bisogno di una riforma radicale. Dobbiamo creare un sistema che metta al centro il benessere del paziente, piuttosto che il profitto. Questo significa promuovere una maggiore trasparenza nelle decisioni sanitarie, combattere la corruzione e incentivare pratiche mediche etiche. Solo così potremo costruire un sistema sanitario che sia veramente al servizio dei cittadini, un sistema che metta la salute e il benessere al primo posto, piuttosto che i profitti e gli interessi economici.

radioso mentre ci trascinano sempre più giù nell'abisso del declino.

Questo libro esplora intricate questioni fiscali e politiche, le grandi opere incompiute e le molteplici sfaccettature del sistema sociale italiano, rivelando come l'evasione fiscale sia spesso un capro espiatorio e la manipolazione del libero arbitrio da parte di falsi profeti sia sintomatica di problemi più profondi. La battaglia di Santa Marta e la Tarasca ci ricordano l'influenza continua delle antiche storie sulla società contemporanea, mentre l'Europa diventa il palcoscenico maleodorante delle promesse non mantenute e dei destini condivisi. In un'era segnata da una pandemia inverosimile, persino per un bambino, e da un sistema sanitario sull'orlo del collasso, emerge chiaramente la necessità di un cambiamento radicale nelle istituzioni e nei comportamenti collettivi. Questo è un appello all'azione per costruire un futuro in cui verità, giustizia e responsabilità sociale siano le fondamenta di un domani migliore.